浙商院文库

# 职业教育助力共同富裕的内在逻辑与行动路向

——基于浙江省山区6县市的调研

林泉君 著

西南交通大学出版社
·成都·

图书在版编目（CIP）数据

职业教育助力共同富裕的内在逻辑与行动路向：基于浙江省山区 6 县市的调研 / 林泉君著. -- 成都：西南交通大学出版社，2025.6. -- ISBN 978-7-5774-0475-2

Ⅰ.F127.55

中国国家版本馆 CIP 数据核字第 2025V4R606 号

Zhiye Jiaoyu Zhuli Gongtong Fuyu de Neizai Luoji yu Xingdong Luxiang
——Jiyu Zhejiang Sheng Shanqu 6 Xianshi de Diaoyan

职业教育助力共同富裕的内在逻辑与行动路向
——基于浙江省山区 6 县市的调研

林泉君　著

| 策划编辑 | 郭发仔 |
|---|---|
| 责任编辑 | 郭发仔 |
| 责任校对 | 左凌涛 |
| 封面设计 | 吴　兵 |
| 出版发行 | 西南交通大学出版社<br>（四川省成都市金牛区二环路北一段 111 号<br>西南交通大学创新大厦 21 楼） |
| 营销部电话 | 028-87600564　028-87600533 |
| 邮政编码 | 610031 |
| 网　　址 | https://www.xnjdcbs.com |
| 印　　刷 | 成都蜀通印务有限责任公司 |
| 成品尺寸 | 167 mm × 240 mm |
| 印　　张 | 10.25 |
| 字　　数 | 193 千 |
| 版　　次 | 2025 年 6 月第 1 版 |
| 印　　次 | 2025 年 6 月第 1 次 |
| 书　　号 | ISBN 978-7-5774-0475-2 |
| 定　　价 | 58.00 元 |

图书如有印装质量问题　本社负责退换
版权所有　盗版必究　举报电话：028-87600562

# 前言

2021年发布的《中华人民共和国国民经济和社会发展第十四个五年规划和2035年远景目标纲要》(简称《"十四五"规划》)提出要增进民生福祉，制定促进共同富裕的行动纲要，自觉主动缩小地区、城乡和收入差距，更加积极有为地促进共同富裕。2022年2月17日，国家发展和改革委员会召开新闻发布会，按照党中央统一决策部署，拟研究制定《促进共同富裕行动纲要》，以缩小地区差距、城乡差距、收入差距和公共服务差距为主要方向，构建初次分配、再分配、三次分配协调配套的基础性制度安排，更加注重向农村、基层、欠发达地区和困难群众倾斜，深入谋划好促进共同富裕的顶层设计。共同富裕是我们党和政府不断探索的目标，是政治、经济、社会、文化和生态建设高度融合、协调发展的状态，是中国式现代化的本质要求之一。

职业教育与我国的经济社会发展具有密切的联系，在经济飞速发展的现在，职业教育为实现我国的共同富裕提供了人才支持、技术支持以及文化支持等。职业教育的发展对于我国当前社会产业结构的转型也具有积极的意义，在我国当前的社会发展中发挥着不可替代的作用。同样，实现共同富裕过程中的社会建设为职业教育的发展提供了支持，职业教育的发展对于实现共同富裕具有至关重要的作用，两者之间存在共生长的同一性关系。因此，本书从职业教育与共同富裕这层特殊关系出发，针对当前职业教育助力共同富裕社会建设过程中存在的问题，对职业教育发展和共同富裕的内涵和理论基础等进行详细阐述，深入分析两者间的需求向度和内在逻辑，并对浙江省山区6县市调研情况予以全面剖析，最终提出共同富裕背景下职业教育发展的行动路向。

本书共分为六章，第一章对研究的背景做了介绍，包括共同富裕奋斗目标提出的背景、贫富差距扩大的背景以及基于浙江省山区6县市的调研情况；第二章对职业教育的发展及相关概念进行了简单的介绍；第三章分析了共同富裕社会建设与职业教育的关系；第四章探讨了共同富裕社会建设背景下职业教育发展出现的问题；第五章主要介绍新时代职业教育治理体系；第六章对建立校企战略联盟的相关问题进行分析。

本书的主要特色如下：

第一，从"共同富裕"视角来研究职业教育的发展路径。近年来，关于共同富裕的研究逐渐增多，但大多只针对"共同富裕"本身或者职业教育某个方面进行事实性描述，研究角度多限于微观角度，很少有人从宏观政策演变视角对职业教育的发展路径进行研究。

第二，以职业教育与共同富裕发展的内在逻辑为主线。职业教育曾长期处于被忽视的地位，要改变这样的发展状况，必须要有合理的职业教育政策予以保障。因此，以职业教育发展与共同富裕建设的内在逻辑为主线来分析，有助于我国职业教育实现高质量发展，有利于共同富裕目标的顺利实现。

第三，基于浙江省山区6县市的调研，从根本上掌握了低收入群体的教育需求，以自下而上的方式探索职业教育助力共同富裕的路径。

本书采用简洁明了的语言，结合相应的图表数据，对职业教育与共同富裕的内在逻辑进行了全面深入的分析，以期为职业教育的改革实践和社会建设提供参考。

本书在编写过程中引用了相关资料，在此对资料文献的作者表示衷心的感谢。三门县职业中等专业学校朱勤老师对本书的调研工作给予了一定的支持和帮助，并参与了调研基本情况的编写。本书得到浙江商业职业技术学院学术专著出版资金的资助，在此表示感谢。当前职业教育发展日新月异，加之编者的知识水平与经验有限，书中难免存在疏漏之处，敬请读者批评指正。

作　者

2024年7月

# 目 录

1 研究背景 ·········································································· 001
　1.1 共同富裕思想及其提出背景 ··············································· 001
　1.2 贫富差距现状 ································································ 008
　1.3 基于浙江省山区6县市的调研 ············································· 014

2 职业教育的内涵与功能 ······················································· 020
　2.1 职业教育概述 ································································ 020
　2.2 职业教育的功能 ····························································· 036

3 职业教育助力共同富裕的内在逻辑 ······································· 045
　3.1 职业教育与共同富裕的共生关系 ········································· 045
　3.2 职业教育与共同富裕目标价值与逻辑的同一性 ························ 050
　3.3 职业教育对贫困代际传递的阻断作用 ···································· 057

4 实现共同富裕目标过程中职业教育发展的相关问题 ················· 062
　4.1 浙江省6县市问卷调查基本情况分析 ···································· 062
　4.2 职业教育资源问题 ··························································· 068
　4.3 职业教育院校定位问题 ····················································· 077
　4.4 职业教育教学体制问题 ····················································· 081
　4.5 职业教育与市场的供需关系问题 ········································· 084

5 职业教育助力共同富裕的行动路向 ······································· 087
　5.1 受教育者的期望 ····························································· 087

  5.2 世界职业教育改革发展概况与启示 ………………………… 094
  5.3 现代职业教育体系的构建 …………………………………… 113
  5.4 基于系统化治理的职业院校发展规划 ……………………… 126
6 共同富裕背景下职业院校推进校企战略联盟的路径 ……………… 131
  6.1 校企战略联盟及其意义 ……………………………………… 131
  6.2 基于共同富裕目标的校企战略联盟推进路径 ……………… 142

**参考文献** ……………………………………………………………… 155

# 1

# 研究背景

## 1.1 共同富裕思想及其提出背景

共同富裕是中国特色社会主义的本质要求，是中国式现代化的重要特征之一。1992年，邓小平同志在南方谈话中指出："社会主义的本质是解放生产力，发展生产力，消灭剥削，消除两极分化，最终达到共同富裕。"明确逐步达到共同富裕是社会主义发展的根本目标。[①]党的十八届三中全会再次强调："全面深化改革必须以促进社会公平正义、增进人民福祉为出发点和落脚点。这是坚持我们党全心全意为人民服务根本宗旨的必然要求。全面深化改革必须着眼创造更加公平正义的社会环境，不断克服各种有违公平正义的现象，使改革发展成果更多更公平惠及全体人民。"[②]

共同富裕作为中国特色社会主义的本质要求，是我们党开展各项工作的出发点和落脚点。改革开放的总设计师邓小平同志提出了"先富带动后富，最终实现共同富裕"的行进路线，中国在未来进入全面推进共同富裕的过程中，有诸多时代契机，也将面临一系列前所未有的挑战。本书组织有关力量开展研究，目的是进一步分析职业教育在

---

[①] 邓小平：《邓小平文选》（第3卷），北京：人民出版社，1993：373。
[②] 习近平：《切实把思想统一到党的十八届三中全会精神上来》，人民网，http://politics.people.com.cn/n/2013/1231/c1024-23993818-2.html，2013-12-31。

助力共同富裕道路上可能存在的困难和问题，借鉴国内外经验，提出应对挑战的有效对策和措施。

### 1.1.1 共同富裕相关思想和理论概述

中国自古以来就有"天下大同"的思想，如早期道家提出"小国寡民"的理想，儒家提出"大同"理想。孙中山先生也提出了大同理想，其中就包括共同富裕的目标。马克思在《1857—1858年经济学手稿》中指出："在新的社会制度中，社会生产力的发展将如此迅速，生产将以所有人的富裕为目的。"[①]

中华人民共和国成立后，毛泽东同志提出了共同富裕的论断，其核心内容主要是构建社会主义制度，把平等分配和消除现实差异作为共同富裕的前提，探索一条建立在先进生产力基础上的共同富裕道路。[②]邓小平同志的共同富裕理论的核心内容是让一部分人先富起来，并以此作为实现共同富裕的政策，为实现共同富裕找到经济制度基础。[③]江泽民同志强调，实现共同富裕是社会主义的根本原则和本质特征，绝不能动摇。[④]胡锦涛同志的科学发展观和构建和谐社会理论强调缩小贫富差距，实现共同富裕。[⑤]习近平同志关于共同富裕的论述较多，如在2012年十八届中央政治局第一次集体学习时，他指出："共同富裕是中国特色社会主义的根本原则，所以必须使发展成果更多更公平惠及全体人民，朝着共同富裕方向稳步前进。"[⑥]2021年，习近平同志在省部级主要领导干部学习贯彻党的十九届五中全会精神专题研讨班开班式上的讲话中指出："实现共同富裕不仅是

---

① 马克思、恩格斯：《马克思恩格斯全集》（第46卷上册），北京：人民出版社，1979：222。
② 毛泽东：《毛泽东选集》（第5卷），北京：人民出版社，1977：187。
③ 邓小平：《邓小平文选》（第3卷），北京：人民出版社，1993：142、373。
④ 江泽民：《江泽民文选》（第3卷），北京：人民出版社，2006：272-273。
⑤ 胡锦涛：《2005年2月19日专题研讨班讲话》//《十六大以来重要文献选编》（中），中央文献出版社，2006：706。
⑥ 习近平：《共同富裕是社会主义的本质要求，是中国式现代化的重要特征》，求是网，http://www.qstheory.cn/zhuanqu/2021-08-22/c_1127784024.htm，2021-08-22。

经济问题，而且是关系党的执政基础的重大政治问题。要统筹考虑需要和可能，按照经济社会发展规律循序渐进，自觉主动解决地区差距、城乡差距、收入差距等问题，不断增强人民群众获得感、幸福感、安全感。"[①]

综上所述，新中国成立以来，在中国共产党的领导下，社会主义制度和共同富裕思想始终保持不变，国家发展的目标更加明确和坚定，实现共同富裕的信心和决心越来越大。

## 1.1.2　共同富裕在中国发展战略中的地位及政策背景分析

在我国的发展战略中，共同富裕被确立为一项根本性目标，旨在实现社会公平和经济可持续增长。作为中国特色社会主义事业的核心理念之一，共同富裕凸显了在发展经济的同时，也要关注人民群众的福祉。这一理念体现了社会主义核心价值观中"全体人民共同富裕"这一重要原则，强调经济增长应该为所有社会成员带来实质性的利益。[②]在国家整体战略中，共同富裕不仅是一个目标，还是社会建设和发展的指导思想，为构建更加平等、和谐的社会结构提供了战略性引导。

近年来，政府工作报告不断强调全体人民共同富裕的战略目标，并明确提出相应的政策举措。2021年发布的《中华人民共和国国民经济和社会发展第十四个五年规划和2035年远景目标纲要》(以下简称《"十四五"规划》)提出要增进民生福祉，制定促进共同富裕的行动纲要，自觉主动缩小地区、城乡和收入差距，更加积极有为地促进共同富裕。[③]2022年2月17日，国家发展改革委召开新闻发布会，强调要按照党中央统一决策部署，推动制定《促进共同富裕行动纲要》，以

---

[①] 新华网:《习近平在省部级主要领导干部学习贯彻党的十九届五中全会精神专题研讨班开班式上发表重要讲话》，2021-01-11。
[②] 曹叔亮:《职业教育高质量发展推动共同富裕：角色定位与实践进路》，《当代职业教育》，2023（5）：71-77。
[③] 范栖银、石伟平:《促进农民农村共同富裕背景下职业教育的现实挑战与应对策略》，《教育与职业》，2023（2）：67。

缩小地区差距、城乡差距、收入差距和公共服务差距为主要方向，构建初次分配、再分配、三次分配协调配套的基础性制度安排，更加注重向农村、基层、欠发达地区和困难群众倾斜，深入谋划好促进共同富裕的顶层设计。[①]2021年，中国城市经济发展呈现出显著的亮点。根据公开的统计数据，中国人均GDP（国内生产总值）十强城市（不包括能源型城市）中，无锡、北京、苏州等城市位居榜首，凸显了这些地区在经济增长和财富创造方面的卓越表现。尤其令人瞩目的是，2021年中国一共有30座城市人均GDP超过2万美元，较前年增加20座，显示出中国城市整体经济水平的显著提升。值得关注的是，这30座城市已经达到了世界人均GDP发达标准，成为中国经济发展的亮点之一。[②] 2022年7月，《中国农村发展报告（2022）》发布会在北京举行。报告认为，近年来，中国农业农村发展取得了历史性成就，农村居民的生活富裕状况取得明显进展。但是，按照共同富裕的目标和国际标准，中国农村居民的富裕程度不高，共享共富程度不足，数量较大的农村低收入群体以及长期存在的城乡差距和农村内部差距是农民农村共同富裕的突出短板。报告建议从促进农村居民收入增长、激发农村消费潜力、优化农村基本服务、建设帮扶体系、提高社会流动性和完善先富带后富机制等六个方面逐步推进农村共同富裕。[③]过去几年，我国在减少贫困人口、优化收入分配结构等方面取得了显著进展。地方层面的政策文件也在逐步贴合本地实际情况，通过推动产业升级、扶持农村发展等方式，助力共同富裕战略在地方层面的全面落地。党的二十大报告（2022年10月）更是明确了中国式现代化的本质要求，其中一个重要方面是"实现全体人民共同富裕"，并提出到2035年"人的全面发展、全体人民共同富裕取得更为明显的实质性进展"[④]。这一

---

① 孙国波、陆艳凤、张蕾：《以职业教育类型发展推进共同富裕：动因、困境与消弭之策》，《武汉交通职业学院学报》，2023，25（3）：62-68。
② 毕鹤霞、刘子涵：《共同富裕目标下乡村职业教育助力防返贫的贡献测度研究》，《职业技术教育》，2023，44（25）：67。
③ 范栖银、石伟平：《促进农民农村共同富裕背景下职业教育的现实挑战与应对策略》，《教育与职业》，2023（2）。
④ 《习近平著作选读》第一卷，北京：人民出版社，2023：18-19。

系列政策文件的制定与实施，以及脱贫攻坚战略的胜利收官，为共同富裕战略目标的实现提供了有力的保障。

### 1.1.3 实现共同富裕具有重要的经济社会意义

#### 1.1.3.1 共同富裕是社会主义的本质要求和根本原则

共同富裕是社会主义制度区别于其他社会制度的本质特征之一。社会主义社会作为人类发展史上一个具有里程碑意义的阶段，其根本任务是解放和发展生产力，改善人民生活，走强国富民之路。共同富裕强调的是"共同"。①虽然少数西方资本主义国家走上了发达之路，但无论是在资本主义早期还是在当今社会，财富的两极分化都非常明显。社会主义与资本主义的本质区别在于，我们不仅要发展比资本主义更高的生产力，而且要消除两极分化，最终实现共同富裕。这是中国特色社会主义道路的重要组成部分，是社会主义最终战胜资本主义的关键。

在18~19世纪的资本主义社会，因社会两极分化严重，社会矛盾极为激烈。一方面，财富集中在少数资本家手中；另一方面，劳动人民长期处于贫困状态。经济周期性危机的爆发导致大量工人失业后，既没有收入来源，也没有社会保障，因而不可避免地出现劳与资、政府和人民之间的不平衡局面。

改革开放以来，我国生产力得到了迅猛发展，人民群众的生活水平得到了很大提高，消费结构也发生了本质变化。但与此同时，社会矛盾也开始凸显。造成这一问题的根本原因在于，当时我国收入差距过大，存在分配不公现象。因此，要保持社会稳定，就必须把收入差距控制在合理范围内，实现社会和谐、共同繁荣。

#### 1.1.3.2 共同富裕是实现我国高质量发展的必要前提

共同富裕和经济增长本质上反映了分配与生产的关系。公平分

---
① 赵振华：《论共同富裕》，《求是》，2013（4）：26。

配可以调动广大人民群众生产经营的积极性，促进经济增长。分配不公，无论是平均主义还是两极分化，都将严重阻碍经济发展。曾经有一段时间，我国经济增长的内生动力不足，尤其是消费需求不足。一个重要原因是收入差距过大，大多数最愿意消费的中低收入人群缺乏消费能力。为了实现我国高质量发展这一宏伟目标，要继续鼓励发达地区率先实现现代化，带动欠发达地区发展；在继续鼓励一部分人通过艰苦创业和合法经营致富的同时，让低收入群体搭上社会生产力发展的快车，尽快过上富裕的生活，最终实现共同富裕这一伟大目标。

### 1.1.4 浙江省高质量建设共同富裕示范区

#### 1.1.4.1 共同富裕示范区的提出及基本模型

2021年3月，《中华人民共和国国民经济和社会发展第十四个五年规划和2035年远景目标纲要》在"'十四五'时期经济社会发展主要目标"中明确提出："人民生活更加美好，人的全面发展、全体人民共同富裕取得更为明显的实质性进展。"同年5月，《中共中央 国务院关于支持浙江高质量发展建设共同富裕示范区的意见》为浙江省赋予先行先试任务，要使浙江成为全国共同富裕推动的示范区。[1]在党的十九届六中全会公报中，共同富裕被明确为基于新发展阶段、新发展理念和新发展格局的推动目标。另外，《中共中央 国务院关于支持浙江高质量发展建设共同富裕示范区的意见》对支持浙江高质量发展建设共同富裕示范区作出了谋划部署和战略定位。2024年5月，浙江省发布的《浙江省高质量发展建设共同富裕示范区促进条例》指出，示范区建设应当深化收入分配制度改革，构建初次分配、再分配、第三次分配协调配套的制度体系，提高居民收入在国民收入中的比重，优化劳动、资本、技术、管理、数据等要素参与分配的机制，

---

[1] 朱玉芹：《职业教育助推民族地区乡村振兴路径研究——基于云南Y县的调查》，《昆明冶金高等专科学校学报》，2023，39（3）：1-7。

多渠道增加中低收入群众要素收入和城乡居民财产性收入，扩大中等收入群体，增加低收入者收入，规范收入分配秩序和财富积累机制，加快形成以中等收入群体为主体的社会结构。基于此，要深入理解共同富裕的内涵，把握建设方向和建设路径，实现高质量发展。共同富裕不仅是收入提高的问题，还具有更广泛的社会意义。共同富裕要求社会经济水平不断提高，逐步达到发达经济体的中等水平；居民收入在提高的同时要保持橄榄型结构，建设完善的社会帮扶体系，实现社会阶层双向流动的合理机制，建设普惠普及的公共服务体系等。其基本模型如图 1-1 所示：

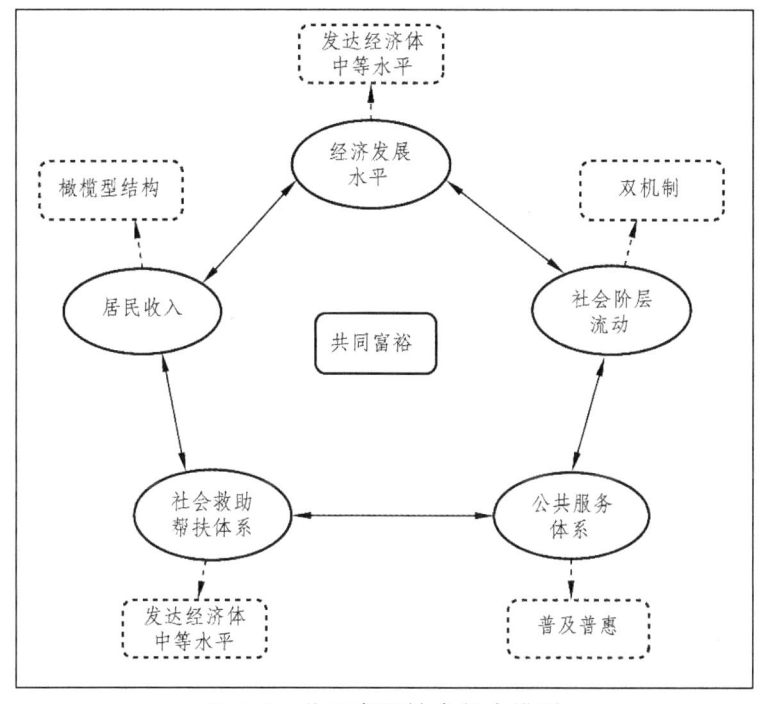

图 1-1　共同富裕社会基本模型

### 1.1.4.2　浙江高质量建设发展共同富裕示范区的意义

《中华人民共和国国民经济和社会发展第十四个五年规划和2035年远景目标纲要》有这样一段表述，即支持深圳建设中国特色社会主义先行示范区、浦东打造社会主义现代化建设引领区、浙江高质量发展建设共同富裕示范区。①从这句话中可以看出，浙江与深圳、上海是同级别的，意味着浙江接下去要建设的"共同富裕示范区"，其地位、重要性跟深圳的"先行示范区"、上海的"现代化建设引领区"是相当的。后两者冠以"社会主义"前缀，肩负着制度性的重任，浙江"共同富裕示范区"能和其并列，权重可见一斑。

浙江省建设共同富裕示范区的重点是"可复制可推广"，这就要求"共同富裕示范区"的选择必须具有普遍性、代表性。打开浙江省地图可以发现，浙江省面积虽然不大，但拥有平原（杭嘉湖平原、宁绍平原）、盆地（金衢盆地）、海岛（舟山群岛）、丘陵（浙西南）等各种地貌。其"七山一水二分田"的地形结构，包括多样化的城乡类型。从第一梯队的杭州到中等规模的温州、绍兴、嘉兴、台州，再到县级的义乌、诸暨、龙港，镇级的横店、店口、乌镇等，浙江拥有完整且发达的城乡体系，其各地实现共同富裕的模式机制，也适用于东中西部各种区域类型。②

由此看来，选择浙江作为高质量发展建设共同富裕示范区是非常合适的。有理由相信，浙江能为全国探索出一套可复制可推广的制度经验，实现"先富带动后富，最终达到共同富裕"的目标。

## 1.2 贫富差距现状

全面分析城乡之间、地区之间贫富差距的现状，深入研究贫富差距产生的影响，有助于找出贫富差距的影响因素，为未来政策制定和社会发展路径的选择提供参考。

### 1.2.1 城乡收入差距与贫富差距的现状

城乡收入差距与贫富差距问题在当今社会依然不同程度地存在。

---

① 朱凌君：《"共同富裕示范区"为什么花落浙江》，《解放日报》，2021-03-17。
② 徐剑、齐佳音、于法稳：《深化"两山论"助推共同富裕路径研究——浙江案例》，《生态经济》，2023（8）：214。

首先，城市与农村经济发展差异显著，城市作为经济中心，吸引了大量资源和投资，推动了其经济的快速发展，而农村地区受限于基础设施和资源，经济增长相对滞后。其次，社会阶层收入差异在扩大，高收入群体与低收入群体之间的鸿沟逐渐加大。2023年1月17日，国家统计局发布数据显示，2022年全国居民人均可支配收入36 883元，比上年增长5.0%，扣除价格因素，实际增长2.9%。从城乡看，城镇居民人均可支配收入49 283元，增长3.9%，扣除价格因素，实际增长1.9%；农村居民人均可支配收入20 133元，增长6.3%，扣除价格因素，实际增长4.2%。[①]

#### 1.2.1.1 劳动收入在国民收入分配中的比重下降

我国实行的是以按劳分配为主体、多种分配方式并存的分配制度，但由于社会经济快速发展，很多问题不能得到及时有效解决。在实际的国民收入分配中，劳动收入的占比逐年下降，并影响了社会经济的持续高质量发展。国家统计局的数据显示，国民工资收入总额与GDP存在阶段性的关系。改革开放前十年，国民工资收入总额占全国GDP的比重一直以来保持在15%以上，但自1991年以后，这一比重发生了明显的变化，从15%以上下降到了13%左右。近年来的数据显示，该比重仅为11%左右。这一指标说明，我国在经济快速增长的过程中，人们享受了经济社会发展的福利，也遇到了一些困难。

#### 1.2.1.2 城乡收入差距扩大是贫富差距的重要因素

根据国家统计局网站关于城乡一体化住户收支与生活状况调查的结果，从城乡居民人均可支配收入的增长率差距的角度分析（如表1-1所示），在2014年至2019年这一段时间，我国居民人均可支配收入增长率基本保持在8%至10%的范围，从整体上看各有涨跌，无明显变化，直到2020年才有骤然下降的情况出现。由于疫情的影响，我国

---

① 樊佩佩、曾盛红：《共同富裕与机会阻隔：贫富分化的驱动机制及其治理》，《现代经济探讨》，2022（12）：18-28。

居民人均可支配收入增长率从 2019 年的 8.9%突然下降到 4.7%,下降幅度为 4.2 个百分点,几乎出现腰斩的情况,严重影响了我国经济运行的强劲势头。根据 2014—2020 年我国居民人均可支配收入同比增长率这一指标,农村相比于城镇有一定的优势。在 2014—2019 年,农村居民人均可支配收入同比增长率高于城镇居民人均可支配收入同比增长率 0.3%至 2.2%不等(如表 1-1 所示)。2020 年,农村居民人均可支配收入同比增长率为 6.9%,高于城镇居民人均可支配收入,同比增长 3.4 个百分点。

表 1-1 全国及城乡居民收支增长率(2014—2020 年) 单位:%

| 年份 | 居民人均可支配收入同比增长率 | 城镇居民人均可支配收入同比增长率 | 农村居民人均可支配收入同比增长率 | 居民人均消费支出同比增长率 | 城镇居民人均消费支出同比增长率 | 农村居民人均消费支出同比增长率 |
|---|---|---|---|---|---|---|
| 2020 | 4.7 | 3.5 | 6.9 | -1.6 | -3.8 | 2.9 |
| 2019 | 8.9 | 7.9 | 9.6 | 8.6 | 7.5 | 9.9 |
| 2018 | 8.7 | 7.8 | 8.8 | 8.4 | 6.8 | 10.7 |
| 2017 | 9.0 | 8.3 | 8.6 | 7.1 | 5.9 | 8.1 |
| 2016 | 8.4 | 7.8 | 8.2 | 8.9 | 7.9 | 9.8 |
| 2015 | 8.9 | 8.2 | 8.9 | 8.4 | 7.1 | 10.0 |
| 2014 | 10.1 | 9.0 | 11.2 | 9.6 | 8.0 | 12 |

资料来源:国家统计局网站——城乡一体化住户收支与生活状况调查。

我国城乡居民人均可支配收入在绝对值上存在一定的差距(如表 1-2 所示)。按照统计数据分析,2014—2020 年,我国城乡居民人均可支配收入保持较好的可持续增长态势。如果将农村居民人均可支配收入单独列出来,与城镇居民进行比较,两者之间又存在较大的差距,而且差距的绝对值还在不断扩大。2014 年,城乡居民人均可支配收入差距的绝对值为 18 355 元。而到了 2020 年,该绝对值提高到了 26 703

元。城乡居民人均可支配收入差距绝对值的扩大正是城乡收入差距扩大的体现，也是贫富差距扩大的主要原因之一。

表1-2  全国及城乡居民收支（2014—2020年）  单位：元

| 年份 | 居民人均可支配收入 | 城镇居民人均可支配收入 | 农村居民人均可支配收入 | 居民人均消费支出 | 城镇居民人均消费支出 | 农村居民人均消费支出 |
|---|---|---|---|---|---|---|
| 2020 | 32 189 | 43 834 | 17 131 | 21 210 | 27 007 | 13 713 |
| 2019 | 30 733 | 42 359 | 16 021 | 21 559 | 28 063 | 13 328 |
| 2018 | 28 228 | 39 251 | 14 617 | 19 853 | 26 112 | 12 124 |
| 2017 | 25 974 | 36 396 | 13 432 | 18 322 | 24 445 | 10 955 |
| 2016 | 23 821 | 33 616 | 12 363 | 17 111 | 23 079 | 10 130 |
| 2015 | 21 966 | 31 195 | 11 422 | 15 712 | 21 392 | 9 223 |
| 2014 | 20 167 | 28 844 | 10 489 | 14 491 | 19 968 | 8 383 |

资料来源：国家统计局网站——城乡一体化住户收支与生活状况调查。

#### 1.2.1.3 我国区域经济发展差距明显

改革开放以来，我国经济发展取得前所未有的成绩，各区域之间的发展也经历了不同阶段，差距从快速扩大到逐步稳定，但东西差距和南北差距问题依然比较突出，严重影响了我国经济的可持续发展。在这个过程中，我国区域经济发展在战略布局上相应经历了以下几个不同阶段。

第一，均衡发展阶段。新中国成立后的30年内，我国采取了均衡发展策略，恢复经济建设是核心任务，支持东北、华北、华东、西南等地区的工业基地建设。当时虽然实现了均衡发展，但由于产业结构以重工业为主且项目过于分散，市场力量不强，在一定程度上抑制了总体经济效率。

第二，东部发展阶段。改革开放初期的近20年里，我国大力支持东部地区先富起来,政府将各种资源向东部地区倾斜,推动了珠三角、长三角、环渤海等区域的快速发展,但也使东西部之间的区域发展差距逐步扩大,东部地区生产总值在全国总量中的占比自1977年的42.8%上升至2005年最高近55.5%,同期西部地区生产总值占比自20.9%降至17.1%,全国各省生产总值规模的最大值与最小值的比值差自1977年的40倍左右升至1995年近106倍。

第三,区域协调阶段。为了缩小区域差距,我国自1996年"九五"计划开始引导区域协调发展,通过一系列财政、投资政策推动中西部地区发展,全国各省生产总值规模的最大值与最小值的比值差也自20世纪90年代最高106倍降低至2020年的58倍左右,东部地区生产总值占比自2005年的55.5%缓慢降至2020年的51.9%,同期中部和西部地区的生产总值占比分别自18.8%和17.1%升至2020年的22.0%和21.1%。但东北地区经济总量占比持续下行,在8.6%的基础上下降3.6个百分点,至2020年仅有5.0%。[①]

在新发展格局下,为了实现共同富裕,区域发展政策引导将逐渐从"促进先富"转变为"带动后富""协调兼顾"。在经济总体量达到一定规模、经济增长的最快阶段过去之后,经济政策逻辑已经发生了根本转变,即从"高速增长"到"高质量发展",从"让一部人先富起来"到"最终实现共同富裕",从"效率优先,兼顾公平"到"更加注重公平"。

《中华人民共和国国民经济和社会发展第十四个五年规划和2035年远景目标纲要》提出要"深入实施区域重大战略、区域协调发展战略、主体功能区战略,健全区域协调发展体制机制,构建高质量发展的区域经济布局和国土空间支撑体系"。在此背景下,弥合区域发展差距仍将是未来区域协调的重点方向。一方面,要更大力度地支持落后地区的经济发展和提升公共服务供给水平;另一方面,在支持相对富裕地区高质量发展的同时,要引导其积极参与欠发达地区的扶持工作,

---

[①] 马微波、钟仁耀:《以平衡且充分的区域协调发展视角探讨共同富裕》,《晨刊》,2022(1):26。

最终实现各地区之间的高质量协调发展。[①]

## 1.2.2 影响贫富差距扩大的因素

贫富差距对社会的发展影响巨大而深远。首先，贫富差距的扩大不利于社会内部的稳定。当一部分人因为长期贫困而无法享受到基本的教育、医疗和社会服务时，社会就可能出现分裂和紧张，进而引发社会矛盾和冲突。这种社会矛盾和冲突不仅会对和谐社会建设产生阻碍作用，还会对政治和经济制度带来潜在威胁。其次，贫富差距的扩大还可能进一步加剧社会的不平等现象。[②]富裕阶层的人拥有较多的资源和机会，而贫困阶层的人则在这方面存在短缺。这种差距不仅违背了社会公平的原则，还可能导致贫困人口产生无望感和对社会制度的不信任感，从而削弱社会凝聚力。此外，贫富差距的存在还不利于整个经济系统的健康运行。当这部分贫困人口无法融入经济发展的主流时，整体经济发展的走向和速度可能就会受到很大影响。如果富裕阶层积累的财富过多，那么过度集中的资源可能导致市场扭曲、垄断加剧，进而影响市场的公平竞争。当然，贫富差距的扩大存在多方面的原因，以下几个方面比较突出。

（1）教育差异。教育差异是导致贫富差距的重要因素之一，其影响深远而持久。首先，教育水平直接关系到个体未来的就业机会和收入水平。由于富裕家庭更有能力提供高质量的教育资源，他们的子女更容易接受到更好的教育，积累更多的知识和技能，从而进入高薪职业岗位时更有竞争力。相反，贫困家庭受限于教育资源，其子女往往只能到质量一般、师资不足的学校就读。其次，教育差异也可能导致知识和技能重度分化。当社会中存在大量受教育程度较低的人群时，社会的整体创新能力和科技水平可能就会受到制约。

（2）就业机会不平等。就业机会不平等是导致贫富差距扩大的关

---

[①] 马微波、钟仁耀：《以平衡且充分的区域协调发展视角探讨共同富裕》，《晨刊》，2022（1）：26。

[②] 黄国瑞：《不同类型的收入差距对居民消费影响研究》，《哈尔滨学院学报》，2020，41（12）：27。

键因素之一，对个体社会经济地位的提高起到至关重要的作用。首先，富裕家庭往往能够为子女提供更好的职业规划和就业准备资源。通过更广泛的社会关系网络、高质量的职业指导和实习机会，他们的子女更容易找到高薪、高地位的工作机会，从而在职业发展的起跑线上占据优势。[①] 其次，存在于社会体制中的隐性就业歧视也是导致不平等的因素之一。性别、学历、社会背景等在招聘和职业晋升中也可能成为不利因素，使一些群体难以获得与其能力相匹配的工作机会。

（3）社会福利体系的差异。社会福利体系的差异是造成贫富差距的重要原因之一。首先，医疗福利的差异直接影响个体的健康状况和生活品质。富裕人群可以选择更高水平的医疗服务，而贫困人群可能因为经济原因无法获得及时有效的医疗照顾。这种差异不仅在疾病防治上产生不公，还可能导致长期的健康不平等。其次，住房福利的不平等也是导致贫富差距的一个方面。富裕家庭可以更容易获得更好的住房条件，而贫困家庭可能面临住房不足、居住环境恶劣等问题。这不仅会影响个体的生活品质，还可能限制他们的社会交往和发展机会。

综上所述，贫富差距的不断扩大是一个不容忽视的重大问题。教育差异、就业机会不平等和社会福利体系的差异等因素交织在一起，共同导致社会中不公平现象的出现。这不仅会影响个体的生活品质和社会地位，还会对整个社会结构和可持续发展构成威胁。因此，缩小贫富差距，建设一个更加公正、平等的社会，不仅有益于社会的稳定与和谐，还有助于释放社会中每个个体的潜能，促进整个社会的繁荣与可持续发展。

## 1.3 基于浙江省山区 6 县市的调研

职业教育助力共同富裕是当前的热门话题，也是发展先进生产力、培养高技能人才的重要途径。但研究不能离开实际，建立在实证基础上的研究更具有实践价值。本调查选取浙江省 6 县市作为调查实施地，

---

① 刘那日苏、张建江：《资源依赖、人力资本与城乡收入差距》，《生态经济》，2020，36（4）：164-165。

主要基于浙江省是高质量发展共同富裕的示范区，其重点是"可复制可推广"。希望浙江能为全国探索出一套可复制可推广的制度经验，实现"先富带动后富，最终达到共同富裕"的目标。

### 1.3.1 样本选取

浙江省始终坚持以习近平新时代中国特色社会主义思想为指导，全面贯彻党的方针政策，忠实践行"八八战略"[①]，奋力打造"重要窗口"，整体经济运行总体保持良好态势，新动能持续成长，市场价格平稳，民生保障有力，高质量发展特征进一步显现，高水平全面建设社会主义现代化、高质量发展建设共同富裕示范区扎实开局。浙江省生产总值 2011 年到 2022 年保持较高速增长（如图 1-2 所示）。至 2022 年，全省生产总值达 77 715 亿元，比上年增长 3.1%。根据城乡一体化住户调查（如表 1-3 所示），浙江省人均可支配收入 60 302 元，比上一年度增长 4.8%。其中城镇人均可支配收入为 71 268 元，农村人均可支配收入为 37 565 元，全省低收入农户人均可支配收入 18 899 元，其中山区 26 县低收入农户人均可支配收入 17 329 元。[②]

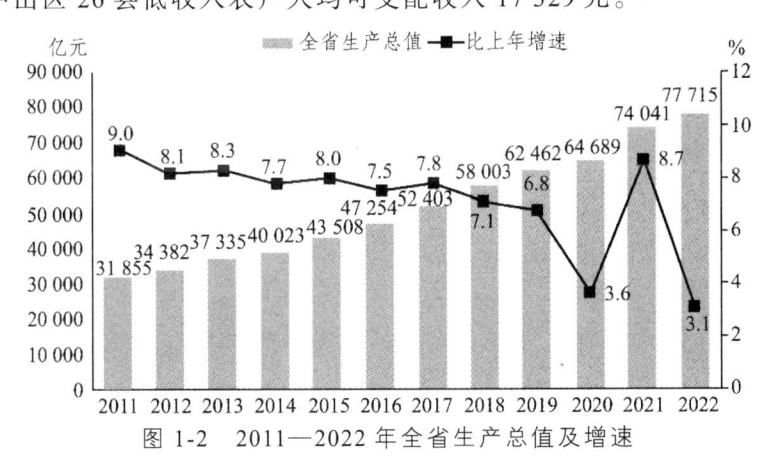

图 1-2 2011—2022 年全省生产总值及增速

---

① "八八战略"是中共浙江省委于 2003 年 7 月提出的面向未来发展的八项举措，即进一步发挥八个方面的优势、推进八个方面的举措。
② 居民可支配收入，是指居民可用于自由支配的收入，包括现金收入，也包括实物收入。按照收入的来源，可支配收入包括工资性收入、经营净收入、财产净收入和转移净收入。

资料来源：2022年浙江省国民经济和社会发展统计公报。

表1-3　2022年浙江居民人均收支主要指标

| 指　　标 | 全省居民 |  | 城镇常住居民 |  | 农村常住居民 |  |
|---|---|---|---|---|---|---|
|  | 绝对数/元 | 比上年增长/% | 绝对数/元 | 比上年增长/% | 绝对数/元 | 比上年增长/% |
| 人均可支配收入 | 60 302 | 4.8 | 71 268 | 4.1 | 37 565 | 6.6 |
| 工资性收入 | 34 177 | 4.1 | 39 718 | 3.4 | 22 687 | 5.8 |
| 经营净收入 | 9 880 | 6.3 | 10 233 | 5.8 | 9 149 | 7.3 |
| 财产净收入 | 7 397 | 7.1 | 10 397 | 6.5 | 1 177 | 8.8 |
| 转移净收入 | 8 848 | 3.8 | 10 919 | 2.6 | 4 552 | 8.3 |
| 人均生活消费支出 | 38 971 | 6.3 | 44 511 | 5.5 | 2 7483 | 8.1 |

资料来源：2022年浙江省国民经济和社会发展统计公报。

本调查在研究浙江省总体情况的基础上，选取了具有代表性的相对落后地区作为调查实施地，即浙江省认定的山区26县市，主要分布在台州、衢州、丽水等地区，包括三门县、仙居县、衢江区、开化县、松阳县、文成县等。以上地区经济发展水平在浙江省相对靠后，其中台州、衢州、丽水3个市农村人均可支配收入分别为31 637元、26 245元和23 465元（浙江省2023年前三季度农村可支配收入），浙江省的平均数为32 576元，这3个市处于末四位。因此，本研究课题组选取这3个市作为调查研究的主要实施地，调查样本也主要来源于这些地区。学校涉及台州科技职业学院、衢州职业技术学院、丽水职业技术学院、三门技师学院、丽水中等专业学校、衢州第三中学、松阳县第一中学、开化县职业教育中心、衢州学院、丽水学院等十几所学校，学段主要包括中等职业教育、高等职业教育、普通高中、本科教育。在被调查人员的选择上，本研究课题组依据职业教育助力共同富裕的目的，主要选取经济条件相对偏差的家庭作为主要调查对象，选取方式是在相关学校、教师的协助下无差别随机选取。在本次调查中，高等职业教育阶段有3所公办高职院校参与，平均每所学校发放160份调查问卷，共计发放问卷 480 份。经筛查，实际收回有效问卷 441 份，有效问卷收回率为 91.88%；中等职业教育学校发放 4 所，平均每所学校发放调查问卷 80 份，共计发放问卷数为 320 份。经筛查，实际收回有效问卷 297 份，有效问卷收回率为 92.81%；本科教育阶段有 2 所公办院校参与，平均每所院校发放问卷 250 份，共发放问卷 500 份，经筛查，实际收回有效问卷 435 份，有效问卷收回率为 87.00%；普通高中教育阶段有 2 所公办院校参与，平均每所院校发放问卷 150 份，共发放问卷 300 份，经筛查，实际收回有效问卷 290 份，有效问卷收回率为 96.67%。综合本次调查情况，共有 11 所院校参与调查，调查对象主要为家长（部分由学生协助调查）。调查问卷共发放 1 600 份，实际回收有效问卷 1 463 份，有效问卷回收率为 91.44%。具体如表 1-4 所示。

表 1-4 研究样本学校问卷调查基本情况

| 教育阶段 | 调查学校数/所 | 发放问卷数/份 | 有效问卷数/份 | 有效问卷回收率/% |
| --- | --- | --- | --- | --- |
| 高中教育 | 2 | 300 | 290 | 96.67 |
| 中等职业教育 | 4 | 320 | 297 | 92.81 |
| 高等职业教育 | 3 | 480 | 441 | 91.88 |
| 本科教育 | 2 | 500 | 435 | 87.00 |
| 合计 | 11 | 1 600 | 1 463 | 91.44 |

### 1.3.2 调查基本情况统计

课题组在综合考虑职业教育助力共同富裕的问题时，全面分析了各方面的影响因素，在调查问卷设计、调查对象选取、调查方式选择、调查结果处理等问题上经过反复推敲，最终完成了本次调查。问卷主要包括两方面内容：一是对低收入家庭基本情况的调查，二是对职业教育情况的调查。其中，关于低收入家庭基本情况的调查主要参照浙江省居民人均收入的基本情况，即收入情况在浙江省排名相对靠后。

对职业教育方面的调查主要从职业教育本身和与普通教育的对比上着手。关于低收入家庭基本情况的调查是研究的重要前提，基本情况的统计如表 1-5 所示，基本调查情况与职业教育方面的调查结果将在后续章节中进一步分析说明。

表 1-5　低收入家庭基本情况统计表

| 基本信息统计变量 | | 例数 | 比例/% |
|---|---|---|---|
| 性别 | 男 | 805 | 55.02 |
| | 女 | 658 | 44.98 |
| 贫富程度 | 特困 | 79 | 5.40 |
| | 一般贫困 | 746 | 50.99 |
| | 普通家庭 | 514 | 35.13 |
| | 富裕 | 124 | 8.48 |
| 是否属于最低生活保障家庭 | 不是 | 53 | 3.62 |
| | 是 | 1 410 | 96.38 |
| 是否属于"贫二代"家庭 | 不是 | 326 | 22.28 |
| | 是 | 1 137 | 77.72 |
| 家庭人口数 | 2 口人 | 54 | 3.69 |
| | 3 口人 | 319 | 21.80 |
| | 4 口人 | 628 | 42.93 |
| | 5 口人及以上 | 462 | 31.58 |
| 劳动力数 | 1 人 | 185 | 12.65 |
| | 2 人 | 923 | 63.09 |
| | 3 人 | 301 | 20.57 |
| | 4 人及以上 | 54 | 3.69 |

续表

| 基本信息统计变量 | | 例数 | 比例/% |
|---|---|---|---|
| 家庭年人均收入 | 不到10 000元 | 128 | 8.75 |
| | 10 000~20 000元 | 307 | 20.98 |
| | 20 000~30 000元 | 893 | 61.04 |
| | 30 000元以上 | 135 | 9.23 |
| 经济来源 | 固定工资收入 | 585 | 39.99 |
| | 个体经营收入 | 247 | 16.88 |
| | 外出务工 | 301 | 20.57 |
| | 纯务农收入 | 254 | 17.36 |
| | 其他收入 | 76 | 5.19 |
| 年均教育支出约占家庭总支出的比例 | 20%以下 | 142 | 9.71 |
| | 20%~50% | 493 | 33.70 |
| | 50%~80% | 735 | 50.24 |
| | 80%以上 | 93 | 6.36 |
| 能否承担孩子的教育支出 | 完全能承担 | 436 | 29.80 |
| | 勉强能够承担 | 820 | 56.05 |
| | 承担不起 | 207 | 14.15 |

# 2 职业教育的内涵与功能

## 2.1 职业教育概述

本质是事物之所以成为该事物的内在规定性,从事物产生到其消亡,无论其存在形式如何变化,这种性质都贯穿其整个过程。职业教育随着社会发展演化出不同的形式,内涵也在不断丰富和完善,但其根本属性始终不变。

### 2.1.1 职业教育的概念和内涵

职业教育这个概念是怎样形成的呢?它其实是国内职业教育实践的产物。随着社会实践的变化,其内涵也在不断丰富和发展。职业教育与社会分工密切相关,社会分工产生了职业活动,职业活动的产生和发展也反映了社会的进步。社会生产力随着时代的变迁不断提高,社会职业分工体系也随之变化,这种变化也相应地促进了职业的分化和演变。

#### 2.1.1.1 职业的含义及特征

——职业的含义

"职业"的英语单词为"Vocation",学界最初通常将其翻译为"假期",而《牛津高级英汉双解词典》将其翻译为"工作、职业"或者"有使命感地做某种工作或有天赋且喜欢做某种工作"。在我国,职业被赋予更多的意义,有不同的定义。如1988年版《辞源》的解释是:"职,指为官之事;业,指士、农、工、商所从事的工作。"职业,也可以说是社会中的分工合作。因此，想要拥有某一职业，首先要具备这个职业所要求的职业技能。《国语·鲁语》里面提及："昔武王克商，通道于九夷、百蛮，使各以其方贿来贡，使无忘职业。"将职业具体化为从事的主要工作，并将其定义为分内之事。周广德主编的1989年版《职业技术教育词典》对"职业"进行了定义：一种工作者承担一定责任，具备一定的专业知识和专业技能，在相对固定工作岗位上的劳动活动。1998年版《教育大辞典》的主编顾明远也对职业进行了定义：在社会生活中，个人从事且为自己及家人提供生活来源的工作。2021年商务印书馆出版的《现代汉语词典》（第7版）对职业的界定是：个人在社会中所从事的作为主要生活来源的工作。

职业与人类的发展历史一样，也经历了一个漫长的发展过程。人类从原始的社会活动逐渐分化出农业、手工业和畜牧业，脑力劳动也逐渐与体力劳动分离，出现了最初的职业。进入封建社会后，开始有"官有职，民有业"的说法。这里的"职"与"业"分别指的是官府政务和百姓所从事的农牧工商。由此可见，在我国古代，职与业的含义是不同的。《荀子·富国》较早地完整使用"职业"一词："事业所恶也，功利所好也，职业无分，如是，则人有树事之患，而有争功之祸矣。"进入近代之后，社会分工不再简单地划分为士农工商且越来越复杂，因此"职业"二字越来越多地被结合起来使用，主要含义是：个人在社会中所从事的并以其为主要生活来源的合法工作。进入现代，职业主要是指人们在社会生活中为获取主要生活来源而从事的专业性社会活动，并以此为他人提供服务进而实现自我人生价值的合法工作。由此可见，职业是通过自身具有的专业性技能，深度参与社会分工，在参与过程中获取生活所需并满足自身精神需求，最终为社会提供物质财富和精神财富。

通过以上描述，我们可以了解到职业包含四个方面的要素：第一，职业离不开社会分工，是整个社会所需要的且对社会发展有益的工作；第二，职业具有一定的专业性，没有相应的技能和素质就不能够从事相应的工作，职业有其自身的内在要求；第三，职业存在的意义是为群体服务的，是社会发展和进步所需要的，个人在服务社会、创造物质财富和精神财富的同时实现人生价值的升华；第四，职业存在的直接目的是获取生活所需的生活资料，满足自身和家人的基本物质需求。

——职业的特征

职业是一种劳动。作为劳动，它具有一般劳动形式的特征，但又不同于其他劳动形式，主要有以下几种特征。

第一，目的性与规定性，即从事一定门类的职业是有目的的，这种目的包括但不限于物质、薪资、理想、兴趣等。职业对从业人员有一定的素质要求，需要掌握相应的技术，具备一定的能力，完成一定的任务，承担一定的责任。职业存在于一定的历史时期，且相对稳定。

第二，社会性与经济性，即职业要求从业人员在各个环节中、一定的环境里同其他社会成员产生一定的交流联系，为他人提供服务。职业对于个人而言，是从业人员及其家属获取生活资料的来源；对于社会而言，能够促进经济的流通和发展。

第三，规范性与群体性，即职业存在于国家或地区，必须遵守当地的行业标准、道德规范和法律法规。另外，职业是一种群体行为，没有达到一定规模，从业人员的社会活动不能称为职业。

第四，技术性与专业性，即任何职业的建立和发展都依赖自身的知识和技术体系，它们是特定时期知识与技术的融合。尤其是进入信息化时代后，每一种职业的技术与知识体系都在不断更新和完善，每一种职业越往后发展越细致，只有经过专门职业训练的人才才能适应和胜任。

第五，时代性与多样性，随着社会生产力的发展和社会分工的细化，许多新的职业应运而生，旧的职业逐步消亡或者被替代，它们总是能体现一个时代的特征。而且，社会发展的多样性必然导致各种职业之间慢慢产生分界线，即每个职业更加专业、独立、细化，职业的种类越来越多样。

### 2.1.1.2 职业的分类

所谓分类，就是采用一定的方法，在某种规则下，对某些事物进行全面系统的划分，职业划分也是如此。从经济学这个学科门类的视角分析，可以发现职业与社会发展存在必然的联系，尤其是从分工的角度看，职业与经济生产密不可分。从社会学角度看，社会上的每一个角落都有职业，职业是一种全社会性的现象。就经济而言，职业能够使人充分就业，促进货币的流通，从而使经济蓬勃发展。就政治而言，职业能够营造更加民主、自由、平等的政治环境。就文化而言，文化诞生于劳动之中，只有在职业的实践中，文化才能更加繁荣。就心理而言，职业能够满足一个人的精神需求，在与他人的交流接触中满足人的社会性需求。就生理而言，职业能够使人获取自身健康的必备物资，保障相对稳定的状态。就教育而言，通过职业培训和工作岗位实践，个体可以不断掌握和增进专业知识和技能，自我培育胜任职业要求的工匠精神，实现知识与技能的终身化学习。就家庭而言，通过获得工资报酬，个体能够满足自身与家人日常生活所需，维持家庭的稳定。由此可见，职业分类是依据工作种类的属性是否一致的基本原则，采用某一种标准对具体的社会分工进行区分，从而全面系统地对从业人员所从事的社会职业分门归类，形成独立的工种（细分职业）。

——国外的职业分类

世界各国的国情不同，因而会采用不同的标准对职业进行划分。美国职业指导专家霍兰德（Holland）热衷于从心理学中寻找职业教育和职业发展之间的关系，因此他创立了"人格—职业"类型匹配的理论，通过这个理论将各种各样的人格归纳划分为现实型、研究型、艺术型、社会型、企业型和常规型六种人格类型。这六种人格类型分别对应六种职业类型。《国际标准职业分类》是当前每个国家统一执行的职业标准。这个标准以从业类型作为基本原则，具体依据不同的工作范围来判断相应的职业类型。参照国际性标准职业方向，这个分类被相应细化，将职业分为四个主要类型，即大类、小类、细类和职业项目。

——我国的职业分类

我国通常把职业分为蓝领和白领，实际上这是从脑力劳动和体力劳动的角度来进行区分的。在一般情况下，从业人员所从事的职业专业性、技术性相对较强，职业门槛相对较高，诸如企业部门管理人员、事业单位行政部门管理人员、专业销售及办公室文秘管理人员等，这类通常被称为白领工作人员。蓝领工作人员指的是手艺人、技工、运输工人、服务业工人。我国的职业分类也经历过较大的变迁，新中国成立以来，我国一直在社会建设和人才就业之路不断探索，中华人民共和国国家标准《职业分类与代码》与《中华人民共和国工种分类目录》等文献不断地被修订。随着社会经济形势的变化，国家更加重视社会经济和职业发展问题。经过不懈努力，我国组织编纂了《中华人民共和国职业分类大典》，这是一部综合反映职业分类和社会经济需求的权威文献。这部大典已经成为我国现阶段职业划分的重要依据，是一部具有国家统一标准性质的职业分类大全。2017年，《国民经济行业分类》（GB/T 4754—2017）按照国民经济的组成和发展趋势，将国民经济行业划分为21个类、87中类、238小类，如表2-1所示。

表2-1　国民经济行业分类

| 类别 | 行业分类 | 类别 | 行业分类 |
| --- | --- | --- | --- |
| 1 | 农、林、牧、渔业 | 11 | 房地产业 |
| 2 | 采矿业 | 12 | 租赁和商务服务业 |
| 3 | 制造业 | 13 | 科学研究和技术服务业 |
| 4 | 电力、燃气及水生产和供应业 | 14 | 水利、环境和公共设施管理业 |
| 5 | 建筑业 | 15 | 居民服务、修理和其他服务业 |
| 6 | 批发和零售业 | 16 | 教育 |
| 7 | 交通运输、仓储和邮政业 | 17 | 卫生和社会工作 |
| 8 | 住宿和餐饮业 | 18 | 文化、体育和娱乐业 |
| 9 | 信息传输、软件和信息技术服务业 | 19 | 公共管理、社会保障和社会组织 |
| 10 | 金融业 | 20 | 国际组织 |
|  |  | 21 | 未分配行业 |

2015年，我国正式修订了《中华人民共和国职业分类大典》。2022

年 11 月，人力资源和社会保障部修订的《中华人民共和国职业分类大典（2022 年版）》(以下简称《大典》)正式发布，这是最新一次修订。在这个《大典》中，职业被分为 8 个大类、79 个中类、449 个小类、1 636 个职业（细类）。8 个大类如表 2-2 所示。

表 2-2 中国职业分类

| 类别 | 职业分类 | 细分职业 |
|---|---|---|
| 第一大类 | 国家机关、党群组织、企业、事业单位负责人 | 6 个中类、18 个小类、29 个职业 |
| 第二大类 | 专业技术人员 | 11 个中类、158 个小类、749 个职业 |
| 第三大类 | 办事人员和有关人员 | 3 个中类、9 个小类、25 个职业 |
| 第四大类 | 社会生产服务和生活服务人员 | 83 个中类、9 个小类、25 个职业 |
| 第五大类 | 农、林、牧、渔业生产及辅助人员 | 6 个中类、24 个小类、52 个职业 |
| 第六大类 | 生产制造及有关人员 | 32 个中类、171 个小类、650 个职业 |
| 第七大类 | 军人 | 1 个中类、1 个小类、1 个细类 |
| 第八大类 | 不便分类的其他从业人员 | 1 个中类、1 个小类、1 个细类 |

在这 8 个大类中，第一、二大类主要指向脑力劳动者；第三大类指向性不强，其中部分是脑力劳动者，部分是体力劳动者；第四、五、六、七大类指向的主要是体力劳动者；第八类是一些少数特殊的职业，不方便分类。

#### 2.1.1.3 职业教育的概念

职业教育由于具有多样化的特征，存在多种理解，因而有不同的含义。

从广义上理解，职业教育包括三层含义：所有的教育和培训都是以职业为导向的专业技术教育，因为所有的专业教育都会影响一个人的职业生涯；职业教育和培训包括所有类型的技术指导；职业技术不仅可以在家里教授，也可以在单位和普通高校教授。从狭义上说，职业教育的目的不仅包括培养和教育高级工匠，还包括将职业教育和培训融入操作技能等技术指导中，培养出一批精英型的专业技术人才。相较于普通教育，职业教育是另一种类型的教育，它的教学方式和教学理念是对普通教育系统基础架构和分工职责的改进和完善。但是，无论是从广义方面还是从狭义方面，对职业教育的分析都是片面的。从广义角度分析的职业教育在一定程度上没有归纳出职业教育的基本特征和内涵，无法将职业教育与其他类型教育进行有效区分，存在概念混淆的问题；而狭义角度的职业教育将职业教育细节化，把操作技能的培养和中级水平限于职业技能教育的圈子。综上所述，这两个方面都没有全面彻底地分析职业教育的本质以及它的现实意义。

技术和职业教育是一个综合术语，这是联合国教科文组织在2001年修订的《关于技术和职业教育的建议》中规定的。该建议指出，教育的目的是多样化的，包括基础教育和职业相关的技术理论知识与理解程度。从规定中不难发现职业教育的本质：①职业教育是基础教育组织结构中的一部分；②职业教育是指就业需要具备的技能和敲门砖；③职业教育是对自我的负责，也是终身学习的好习惯；④职业教育促进社会经济的进步与发展；⑤职业教育改善自身和社会的困境，远离贫困。对概念的规定是联合国教科文组织为了让更多个人和政府意识到职业教育在人和社会发展中的重要程度，而第⑤点中关于"改善自身和社会的困境，远离贫困"的表述，与我国共同富裕社会建设具有很大的契合性。

对职业教育进行定义应当从自身实际情况出发，找准定位，体现出职业教育与普通教育的区别，诠释职业教育的社会适应性。职业院校在教育过程中应当明确自身发展的自然规律，体现职业教育"职"的特性及其意义，而不是以普通教育为目标，追求升学、追求理论知识，在教学方式和方法上不能单纯模仿普通教育。有学者将职业教育定义为"是培育技术运用型和技能型人才的相关教育或培育服务"，可以分为四点来理解：第一，职业教育是一种教育；第二，职业教育主要是培育生产、管理和服务等方面的技术型人才和技能型人才;第三,职业教育属于服务行业;第四,接受职业教育之前接受过普通教育。职业教育相对于普通教育,存在很大的特殊性。在课程设置上,职业教育主要是培育学生的职业工作能力和技术技能水平;在教学中,应当采取行为指向性教育,并与工学相结合;要求教师拥有高水平专业知识素养的同时具备高水平的专业实践能力,深刻理解并掌握职业教育的内涵;要求学生在掌握工作技能和从业资格的基础上,充分参与社会生产实践;学校不能只看重学生的学习成绩和升学水平,应当重视就业相关课程的开展和教学方式的更新升级;要根据社会发展的需要逐步建立和完善遵循职业教育发展规律、具备职业教育作为类型教育特色的现代职业教育体系。职业教育与普通教育在教育体系上各有特色,在发展方向和培养目标上也存在很大的差别。

根据以上分析可以发现,职业教育作为一种类型教育,也有终身教育的意味,职业技能训练、职业技能提升、职业发展等方面都贯穿从业者的一生,并具有普适性,适合广大社会主义劳动者。职业教育主要是培养符合社会发展需求的生产、服务与管理等一线技能人才,以社会工作岗位需求为导向,主要进行实用型技术和相关技能教育,向受教育者传授走入工作岗位所必须具备的专业技能、专业知识,并使其培养良好的工作态度,从而提高受教育者的职业技能和技术水平,让其获取适应岗位技能要求的技能资质和资格。职业教育主要培育生产、管理、服务等一线技能型人才,包括技术应用型人才和操作技能型人才。这些高技能人才在一定程度上具备较为丰富的理论知识,能从事相关技术领域的实践工作,技能技术水平高超,还具备丰富的职业心理素养和敏捷的行动能力。经过一线的生产和服务,其研发成果、生产决策和技术规范等可以转变为工业成品或劳动成果。

#### 2.1.1.4 职业教育的内涵

职业教育是社会文明不断发展的产物,尤其是在信息时代,工业产业发展迅猛,社会职业分工更加细化。职业教育可分为两类:第一类是职业技术教育，也可以称为学历职业教育，可以划分为初级、中级和高级三个等级；第二类是职业培训，是依据工作岗位的需求，对工作者进行相关工作技能培训，以提高其职业能力。职业培训对于学历没有要求，是一种短时间的职业技能训练。职业培训存在许多形式，如就职前的培训、换岗培训、学徒培训等。按照现实需求，职业培训也可以分为初、中、高三个等级。所以，职业教育包含以下几个方面：一是职业教育与其他教育一样，是社会主义教育体系的一部分；二是职业教育是区别于其他教育的另外一种类型教育，但与其他类型教育在学制和体系上相互依存、相互对应；三是普通中小学教育是职业教育的基础，职业教育在自身发展和实施过程中又包含普通教育的内容；四是职业教育在个人的职业规划、社会经济的发展和减少贫困方面发挥了重要作用；五是职业教育可以满足个人在教育、工作和休闲娱乐方面的需要。所以，职业教育是人获得终身教育和实现全面发展的一个重要阶段和重要方面。职业教育的前提是接受过通识教育，因为接受职业教育需要受教育者具备基本的理论知识、认知水平和认知能力。高等职业教育必须接受过普通高中教育或中等职业教育，中等职业教育必须接受过普通初中教育，初等职业教育必须接受过普通小学教育。

全日制或者非全日制职业教育、职业培训，都旨在为进入工作岗位的劳动者进行相关工作岗位的专业知识、专业技能和专业态度培训，是为了就业或换岗工作，让失业者重新获得工作，让就业者喜欢自己的工作。完成职业教育课程后，他们可以获得国家主管部门（教育部、雇主协会等）认可的技能资质或资格。职业教育也是为特定人群提供的，主要面向技术型和技能型专业人员。非技术专业人员、学术专业人员、工程专业人员等并不需要接受职业教育。在不同的国家和时代，技术型人才和技能型职业的声誉和社会地位各有不同，职业教育的地位和作用也大相径庭。职业教育为学生提供学习、生活、劳动以及实训场所，通过教育、教学、管理和服务等，为学生提供特定职业或职业群体所需的理论知识、实践技能和行业文化等，以提高学生从业所需的实践技能、理论知识以及加深对行业的理解。职业教育的最终目的是提高学生职业素养和技能水平，使其成为社会经济建设所需的合格人才。

### 2.1.2 现代职业教育的主要特征

职业教育作为一种类型教育，与普通教育存在较大的差别，职业教育具有自己的特征。

#### 2.1.2.1 职业性

职业性指的是职业教育培育的是生产、服务、管理等行业所需的专业工作者和技术精尖型人才，具有就业导向和为工作服务的特征。职业教育是就业的前提，具备规范的专业设置、课程体系和教育评判标准。美国教育家杜威认为，职业是思想和信息的组织准则，还是认知和智力发展的准则。职业是生活的准心，包含许多细节，将各种生活工作经验、事实和相关信息的细节整理得井然有序。职业教育的目的是培育兼具生产、管理和服务等多种能力的现代职业人才，推动学生在将来的社会中成功就业并取得良好发展，其主要以学生工作需求为指向。在职业教育教学过程中，可以通过岗位场景模拟和生产实践教学等多种形式传授专业知识、实操技能，培养职业素养。

职业教育并没有摒弃文化素养和人文修养，而是主张将它们融为一体，在进行专业知识、专业技能传授和完成工作任务的过程中，融入人文道德、人生观和价值观等思想品德，培育德艺双馨的高素质技能人才。职业教育在进行专业知识和技能传授的过程中，还注重培养学生的职业品德、职业纪律、职业准则等。职业教育的教学模式、教学规划、教学理念、教学实践等都应满足社会发展的需求，学生的专业教育与职业素养培育都应紧密联系社会实际，与社会生产融为一体。

#### 2.1.2.2 社会适应性

任何一种成功的职业教育模式都是与本国的经济社会和生产实践紧密联系的。如果社会环境适合职业教育的发展，职业教育就能通过培养优秀的高技能人才,反哺经济和社会的发展。职业教育从本质上讲是社会性的,完全建立在社会发展的基础之上。在社会生产力发展的过程中,会产生不同的社会分工和人才需求,职业教育只有适应这个需求,才能获得更好的发展。职业教育的培养目标、发展规模、结构和速度应与所处的经济社会相适应。职业教育的办学应保持适应社会发展变化的弹性,与市场主体互通,融合产业发展,全面提升竞争力和社会适应力。除了确定培养目标、设置专业、选择教学内容和教学方法外,职业教育还需要行业企业在教学、课程、评价、管理的过程中参与和支持,必须广泛吸收社会力量,拓宽职业教育办学路径。同时,政府、行业企业等多种社会力量也应为职业教育培养高技能人才提供支持,促使其顺利就业和发展。职业教育离不开社会环境,直接关系到社会发展过程中的各类就业岗位,是社会发展过程中的一座灯塔。职业教育应根据自身特性或发展方式进行调整,适应社会形势的变化。

### 2.1.2.3 实践性与多样性

职业教育具有实践性,注重实际操作和专业技能的培养。职业教育的学生区别于普通教育的学生,他们从以理论知识学习为主的普通教育模式中脱颖而出,通过实践操作、理论学习相结合的方法,掌握技能。这种"做中学""学中做"的教学方法正是职业教育实践性的体现。在课程设置上,职业教育应构建基于相应细分岗位技能的实践教学体系,然后构建理论教学体系。在具体的职业教育教学中,应引导学生以实践操作为主,运用基础理论知识解决实际问题。我国的职业教育教学采用以市场为导向、工学结合的模式,结合企业的工作实践进行教学,让教学过程体现实践性和实用性。同时,在与企业合作的过程中,职业教育可以了解并准确掌握社会对学生工作技能的具体要求,以及行业发展的动态信息。

职业教育注重实践教学,适应产业发展需要,以工作岗位技能为重要支点,实现教学方式的多样化。同时,受到职业教育本身的影响,职业教育对象同样存在多样化的特点。而职业教育内容则非常注重实践操作，强调知识与技能的社会适应性。基于此，职业教育应当区别于传统教学，突破传统的书本、讲台和教室的限制。因此，除了要更全面地拓宽"课堂"、搞活"课堂"外，职业教育还要多角度、多方位地使用授课、讨论和问答的方式。最重要的是将理论和实践相结合，采用多种方式实施教学，如观察课堂的方式、动手操作的方式、老师现场指导学生的方式、融入工作岗位的方式、心理测试和锻炼的方式等。除此之外，教学实施场所十分重要，作为职业教育教与学的主要环境，除了开展校内实习实训外，还可以在工厂车间、田间地头、企业办公场所、商业超市等实施教学，多渠道拓展校外实训基地。此外，职业教育的学制、教学形式等不应局限于普通学历教育所要求的学制年限，职业教育应具有更大的弹性，要根据教育对象所学内容而定，年限可以是几年，也可以是几个月；学制可以是全日制，也可以是非全日制。

#### 2.1.2.4 大众性与终身性

职业教育的大众性体现在两个方面：一是以人为本的职业教育基本理念。职业教育不仅面向学生，还面向人民群众。基于"有教无类"这一理念，职业教育不仅最大限度地满足了人民群众的需求，而且适当放大了人民群众受教育的利益。职业教育的宗旨是服务广大人民群众，让每一个人都拥有受教育的机会，享有平等的职业教育与培训权利，面向社会所有人员开展职业指导和职业咨询。职业教育是工作者入职前的必经之路，经过定期的职业培训并取得职业资格，具备从事相对应的社会职业的通行证，从而为社会主义现代化建设服务，为共同富裕目标奋斗。

职业教育对于人的发展的影响是全面的、长期的，这是终身教育的另一种形式。人在接受职业教育的过程中，拥有更强的工作技能，能胜任各项工作，实现个人的发展。在学前和小学教育阶段，学校会对儿童进行最基本的职业启蒙教学，如职业素质教育中的职业意识、劳动光荣等；在初中阶段，学校既可以通过普通教育教学手段渗透初级职业教育和培训，也可以通过细分方向开展相关专业领域的职业教育；初中阶段之后，每个人拥有职业教育的机会越来越多，迈入职业社会，人们需要接受更多的职业教育来不断提高和强化自己的技能，这是由于科技发展和社会生产的需要；退休之后，虽然离开自己工作一生的职业岗位，但是仍然有选择职业教育的机会，通常是为了充实自己的生活或者提高自己的文化素质，一部分人会选择自己喜欢的职业教育类型继续学习。职业教育以更加丰富有趣的课程内容和教学方式来吸引社会群体，为每个人提供了终身学习的机会和途径。

#### 2.1.2.5 产业性

职业教育是以就业为导向的一种教育，满足了生产市场对技能人才的基本要求，兼具教育和产业两大特征。职业教育需分析当前或未来一段时间内的产业发展和人才需求，分析产业的投入与产出，并计算其发展成本。在国家教育方针政策的指导下，各大职业院校要遵循职业教育和社会发展的基本规律，独立经营、独立办学，逐步形成从原料采集（招生、招商）到生产（教育、教学）再到销售、售后服务（就业推荐、售后培训）"一条龙"的独立运行机制。职业教育产业化的特征必然要追求经济效益，职业教育的投入与产出依据职业教育的规律和需要呈相应比例增减，职业教育活动的循环周期越短，职业教育过程实施的效率就越高，而产生的社会效益也会增加。职业教育具有较强的应用性和实际操作性，基于细分的市场岗位和岗位操作技能来实施，教学内容和技能直观清晰。受过职业技能培训的人具有较强的学习迁移能力，能够迅速地将所学专业技能运用到实践中，最终将知识和技能转化成劳动生产力，产生相应的社会价值和经济收益。

### 2.1.3 职业教育的目的和任务

职业教育的目的和任务体现在推动实现中华民族伟大复兴中国梦的过程中。职业教育旨在实现"科技强国之梦"和"人人成才之梦，充分施展才华之梦"，其任务是以合理的人力资源结构支持国家产业发展，培养具有良好思想道德、知识技能和人文素养的高技能人才，让受教育者都成为社会有用的人才，响应城乡低收入家庭对美好生活的期望，以职业教育为基础，评估人才的文化价值规范实践和贡献，全社会尊重技术和技能人才。

#### 2.1.3.1 职业教育的目的

职业教育的目的是指国家职业教育的一般目的，即国家对职业教育应该培养什么样的人的一般要求。我国职业教育的主要目的是培养德、智、体、美、劳等全面发展的现代化技能人才，这些技能人才需要有一定的科学文化基础和较强的综合职业能力，是社会主义生产、服务、管理等领域的一线人才。

国家大力发展职业教育并且重视技能人才的质量和数量，就是为了满足社会的需求。根据不同的教育目的，职业教育可以在满足不同客观环境要求的同时，朝着对受教育者有利的方向发展。这是社会对受教育者提出的新要求，是职业教育教学改革和发展的行动指南，也是评价职业教育活动的一种价值尺度和基本依据。国家发展职业教育的目的以及各类职业学院开展职业教育教学的目的，都是国家教育政策的集中具体体现。不同类型的教育有不同的教育目的，最终都会在总教育目标的规范下，分清主次，为社会培养专业性的人才。职业教育紧随时代发展，适应前进步伐，有较好的预见性和发展的稳定性。

#### 2.1.3.2 职业教育培养目标

——确定职业教育培养目标的依据

现代职业教育特别关注市场的动向与变化。各级各类职业教育在确定自己的培养目标时，除了参考区域社会经济发展的要求外，还需要认真分析社会人才结构的模型和理论，从而作出科学合理的决策。

第一，从形式上来说，职业教育的培养目标依据某一类型院校的办学性质与教学任务而定，职业教育的方式和发展渠道是由党和国家的法律法规、教育政策决定的。职业教育发展的基本影响因素是国家为了发展职业教育而制定的法律法规和政策，这些法律法规和政策是人才培养和教育实施的保障。因此，为了在职业教育的培养过程中更加体现公平正义，一定要遵守法律法规，认真领会方针政策。

第二，社会的经济形态以及产业结构的变化会引起职业教育目标的改变。职业教育与社会发展是双向调节的，前者的发展会对社会的发展起促进作用，但后者对前者可能起限制作用。经济形态要求职业教育培养学生的竞争意识和动手能力，而为了满足社会快速发展的需要，则要设定与之相匹配的培养目标。职业教育需要将培养的人才转化为社会需要的人才。

第三，学制、学历及国家职业分类与职业技术等级标准。设定一个培养目标，不但涉及学制、学历以及国家职业分类与职业技术等级标准的精准划分，还涉及对未来的考量。这就赋予职业教育新的责任，使其引领新风尚、新技术、新工艺。职业教育的培养目标具体表现在学制与学历标准，是国家对于职业教育等级和划分范围的重大依据。

——职业教育培养目标的基本内涵

职业教育的培养目标主要包含三个方面，即知识、技术和意义。知识是指在接受职业教育时具体的职业教育内容，如文化基础知识、科学知识、专业知识等。技术主要指的是技能，是对职业教育受教育对象的职业技能的要求，其中这些能力又可以概括为技术能力、创新能力、工作能力等，是进行人才培养的关键。意义是指接受职业教育对象的情感态度与价值观念，这是培养职业技术人才的心理要求。上述知识、技术与意义三个方面一起构成了职业教育培养的目标。各种类型的职业教育培养目标依托知识、技术与意义展现出来，具体表现在以下三个方面。

第一，专业知识素质。职业教育不能将关注点只放在职业资格上，这会导致新形式的应试教育，受教育者会变成拥有技能的工具。职业资格教育应与职业教育区别开来，拥有属于自身的发展空间与发展平台。其中，发展空间是指职业资格的适应性，以及在职业岗位之间的转换能力；发展平台则是指取得相关职业资格需要具备的相关理论知识。

第二，专业能力。职业能力的范围很广，涵盖受教育者的认知能力、操作能力、学习能力等，职业能力是受教育者个人的发展平台，可以展现出个人的职业素质和水平。在职业能力中，占据核心地位的是操作能力，个人操作能力也叫操作技能，主要是指将相关的知识工艺技术转化为相关实践操作的能力。操作技能又包含两方面内容：一是动作技能，二是心理技能。动作技能主要是指与身体活动相关的技能，如快递、装卸、机械操作等；心理技能主要是指推理与判断相关技能，如相关的销售人员、会计等从事的工作内容。技能操作和专业资格的联系非常密切。许多职业岗位都要求受教育者有很强的身体素质，职业院校还须结合企业相关职业岗位（群体）对从业人员提出的身体素质要求，有选择地进行专项训练。

第三，职业心理素质。职业心理素质是指个人从事特定职业所必须具备的心理素质，也是劳动精神、工匠精神培育的关键（如图 2-1 所示）。职业心理素质通常包括专业动机、专业效能、专业价值观、职业道德感以及职业理想和追求，与职业技能相互影响并最终形成工匠精神。在国家大力倡导技术迭代更新的时代，工匠精神成了职业教育的重要标志，是高技能人才必备的素质，也是个体职业发展的最终追求。总的来说，职业心理素质是职业教育培养高技能人才的关键路径之一。

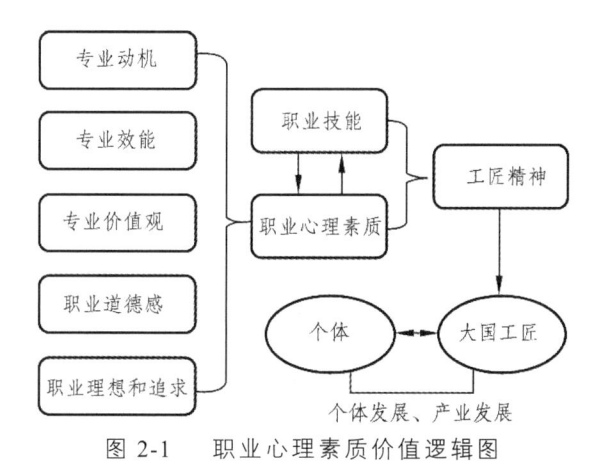

图 2-1 职业心理素质价值逻辑图

——各级职业教育人才培养目标

制订人才培养计划与目标是进行职业教育人才培养的最终目的。制定各个阶段的人才培养目标，需要关注不同层次人才发展的状况，满足各阶段职业教育人才发展的需求。除此以外，还要围绕人才培养的总体目标，体现人才培养的方向与质量。我国职业教育目标在人才培养方面可以分为三个层次。

第一层次是初级职业教育人才培养目标。这一层次的职业教育主要是培养初级劳动者，使他们具备基础的科学知识与技能，成为各方面平衡发展的社会主义劳动者。初级职业教育人才培养目标与我国当前的发展情况相适应，体现了与九年义务教育的密切联系，主要以劳动教育等形式出现，是社会职业和劳动的启蒙教育。第二层次是中级职业教育人才培养目标。中级职业教育人才培养目标主要是培养与我国社会经济发展相适应、德智体美劳全面发展的高质量、高素质技能人才。中级职业教育人才培养目标要求具备健康的世界观、人生观和价值观，要求遵守道德与职业规范，掌握基本的文化素养，同时还要具有创新意识与创新思维，具备一定的实际动手能力，心理健康，积极向上，掌握相关鉴赏能力，能够发现美、创造美。第三层次为高级职业教育人才培养目标，主要教育对象为接受过系统知识教育的普通高中学生。这种职业教育基本具备职前教育的特点，在进行职业教育人才培养时，需要明确办学方向，注重社会发展需要的导向功能，高质量培养高技能复合型人才。

## 2.2 职业教育的功能

### 2.2.1 职业教育的经济功能

职业教育是与经济社会发展密不可分的一种教育类型，是工业化、信息化和基础生产现代化的重要支柱，对经济社会发展具有重要的促进作用。职业教育的规模和水平影响产品质量、经济效益和发展速度。

### 2.2.1.1 职业教育是走新型工业化道路的纽带和桥梁，是实现"中国制造"到"中国创造"的有力支撑

实现中国制造的"优质制造、优质创造"和价值链升级，核心需求是高技能应用人才，尤其是职业教育培养的高素质、高技能劳动者，他们为实体经济发展提供了重要支撑。职业教育对相关人员进行职业技术培训，旨在帮助职业技术人员提高技术水平和劳动素质，实现劳动力现代化，提高经济管理效率。职业院校为社会的发展提供了相关人才与技术，同时还对社会政治、经济、文化等方面的发展产生相应的影响。职业教育发展应与社会发展相适应，适度发展。这就对职业教育的实施提出了要求，必须要对职业教育做出相关的规划与管理，使职业教育的发展更加科学化。在重视职业教育的同时，还要关注市场的变化，通过市场的变化来调整职业教育发展的规模和方向。

### 2.2.1.2 职业教育将人从潜在劳动力转化为现实劳动力，是提高劳动生产率的重要措施

一方面，职业教育以独特的方式将学生从"学校人"转变为"社会人"和"岗位人"，为就业做好充分准备；另一方面，随着科学技术的发展和数字经济的兴起，新的知识和技术不断涌现，新的职业不断涌现，甚至一些老行业也在不断注入新技术，科技含量越来越高。职业教育根据社会就业岗位的需要，对不同群体开展一定的职业指导和技能训练，充分发挥人的潜能，从而匹配社会岗位，完善就业体系，提高社会生产效率。

职业教育还通过提高受教育者的职业能力、科学文化水平、思想品德以及工作效率，推动社会生产由简单的劳动密集型转变为复杂的劳动密集型，发挥职业教育的积极影响，推动经济发展。同时，职业教育还应重视劳动者相关安全意识的培养，减少工作中安全事故的发生，减少工作设备的损坏。职业教育还通过影响受教育者的思想观念、职业观念等，转变受教育者的劳动观念，使劳动者对现代企业文化更加认同，从而提高现代企业的管理效率。

#### 2.2.1.3 职业教育与科技应用具有密切的关系

职业教育将相关的科学知识与技能间接转化并应用于社会生产，从而推动经济的发展。职业教育在对受教育者进行教育时，将技术、知识等传递给受教育者。职业教育在将信息技术转化为生产力的过程中，起着桥梁作用，是进行知识技术转化的重要渠道和形式。伴随着当前科学技术以及社会的飞速发展，职业教育的作用也越来越明显。社会发展带动科学技术的发展，科学技术通过影响社会生产力，刺激社会发展对职业教育的需求。毫无疑问，职业教育在进行知识与生产力转化上发挥着重要的作用。职业院校向受教育者传授相关的职业岗位技能知识，受教育者在获取相关的技能知识后，将其运用到社会生产实践中，从而实现科学技术的再生产。同时，受教育者学习系统的科学技术与知识后，在实际的工作生产中运用并推广，从而将科学技术与方法转化为有利于社会经济发展的生产力，促进社会的发展进步。

#### 2.2.1.4 职业教育具有转化现实生产力的功能

职业教育通过产教融合、培育人才等途径将相关的科学技术与知识转化为社会生产力，有效地推动我国经济社会的发展以及经济方式的转变。1985年5月27日发布的《中共中央关于教育体制改革的决定》，是我国改革开放后关于教育改革的第一份纲领性文件。该文件指出，在进行社会主义现代化建设的过程中，最需要的不是高级工程师，而是数目庞大的素质与技术过硬的职业技术人员，如果没有这些职业技术人员，这些先进的知识以及先进的技术就不能真正地转化成先进的生产力。马克思指出，社会经济的发展最关键的一环就是提高生产力，而关键在于劳动者，这里的劳动者需要掌握相关的科学技术。职业教育是培育技能人才的基础与关键，是社会发展现代化的重要支撑。当前世界经济领域的竞争加剧，我国技术、资源等方面的短板，严重影响了社会经济的转型升级。经济增长方式必须依托劳动者素质的提升以及技术的进步，从而有效地缓解我国在技术、资源等方面的压力，有效促进科学技术转变为现实生产力，逐步实现我国可持续发展的战略目标。总之，职业教育在人类可持续发展和共同富裕社会建设中发挥了重要的作用。

### 2.2.2 职业教育的政治功能

#### 2.2.2.1 职业教育在维护和促进社会政治方面发挥了重要作用

要理解政治与职业教育的关系，首先要清楚政治与教育的关系。教育与政治之间的关系并不是单向的，政治决定教育，教育也会对政治产生反作用。职业教育培养的高技能人才，不仅是社会经济建设的主力军，也可能成为政治社会建设的补充力量，是维持和巩固政治格局的重要基石。职业教育培养的是社会主义生产的劳动者，通过开展思想政治教育端正受教育者的思想道德情操，提高他们的政治素养。同时，职业教育和职业培训在一定程度上会改变社会生产的劳动力结构，调整社会各层级的矛盾和利益关系，促进社会人才有效流通，让广大技能型人才为社会主义建设服务。

#### 2.2.2.2 职业教育促进社会阶层的合理流动，维护社会长期稳定

职业教育与社会稳定没有直接的因果关系，但从职业教育的各种行为来看，职业教育的发展对社会稳定确实有重要的作用。职业教育不仅给社会成员提供了接受不同类型教育的机会，也给了他们选择职业的机会。职业教育依托社会生产和市场机制进行办学，这对于社会生产过程中劳动力的流通与更新至关重要，可以将普通劳动力转变为具有相应行业技能和资格的特殊劳动者。此外，职业教育在共同富裕目标实现的过程中发挥着积极的作用。我国在开展乡村振兴战略的过程中，人的因素尤其关键。职业教育可以培养农民的生产技能，培养新型农民，为实现乡村振兴和共同富裕目标助力。

### 2.2.3 职业教育的社会功能

#### 2.2.3.1 职业教育是促进人力资源有效利用和合理配置的有效手段

职业教育是经济发展计划中实现劳动力资源均衡的杠杆。国家通

过有计划地调控各类职业教育的发展速度和规模，提高群众的就业能力，提供就业指导和就业介绍，影响群众的就业方向，储备人力资源，实现劳动力资源的平衡。职业教育也具有社会福利功能，通过提高弱势社会群体的就业能力，扩大其就业机会，有利于解决相关社会问题。职业教育肩负着开发、调节和储备社会劳动力资源，促进经济发展和社会稳定的重大使命。

#### 2.2.3.2 职业教育是实现城镇化的重要动力，是快速实现农村现代化的助推器

大多数进城务工人员由于文化技术水平相对较低，无法满足高技能劳动力岗位的需求，加强职业技能培训是一项长期而艰巨的任务。因此，教育部提出了"农村流动人口教育培训项目"。在农村人口众多的城镇，建立灵活多样、针对性强的包括中高职教育和技能培训在内的职业教育培训项目，为进城务工人员普及基本教育和实用技能（包括中高职教育和技能培训），有效提高他们的再就业能力，让他们拥有与城市人口平等的发展机会。

#### 2.2.3.3 职业教育是构建终身教育体系和学习型社会的重要支柱

社会发展永无止境，科技创新和生产力创新永无止境。职业教育不仅是与经济和市场直接相关的就业教育，也是国家对不同层次学生和其他社会人员的知识教育，是终身教育体系和学习型社会的重要支柱。

另外，职业教育贯穿劳动者的职业生涯，与劳动者具有共生发展的关系。随着职业教育体系的日益完善，中等职业教育与高等专科职业教育、本科层次职业教育相互衔接，中等职业学生也能够通过职业本科教育实现获得高水平学历的愿望。本科层次职业教育的开展必将吸引更多的学生到职业院校学习，从而大力提高高技能人才的职业水平，促进文化教育消费，促进经济发展。人们通过职业教育将对职业选择、职业分工以及所从事的专业活动有正确的认识，有利于形成良

好的道德素质，提高自身劳动素养和生存竞争能力。职业院校直接向低收入者和农民的子女开放，经过 2~4 年的职业技能训练，培养出具有一定专业知识和专长的高技能人才，投入相对较低，回报相对较快，可以产生良好的社会效益，有利于学习型社会的建设。

#### 2.2.3.4　职业教育具有吸引和学习世界先进文化的功能

职业教育在促进企业文化交流方面有积极的推进作用，这种文化联系正是社会生产力发展的根本。

第一，职业教育聚合了企业文化。职业教育以其特有的形式反映一定社会阶段的企业文化，以社会发展过程中必不可少的现实生产力和生产关系为核心，结合社会发展目标来确定受教育者接受教育的方向和内容。复制某些企业的优秀文化，对其进行优化和加强，然后将其渗透到职业教育中。

第二，职业教育具有选择企业文化的功能。受社会职业类型的客观条件限制，职业教育通过选择不同行业的企业文化，筛选出优秀的企业文化。面向企业的职业教育必须根据人才自身发展的规律及其所在的各种环境，包括社会、政治、经济、文化环境等，选择最合适的职业教育形式，并将企业文化与校园文化相融合，实施行之有效的职业教育。

第三，职业教育可以传播企业文化。在时间上，企业文化有一个形成和发展的过程；在空间上，职业教育通过传播使企业文化得以延续，使足够多的人能够接受企业文化，弘扬和发展企业文化。

第四，职业教育可以创新企业文化。职业教育通过内容和过程的重构将现有的优秀企业文化直接转化为职业教育受教育者的知识、技能和行为规范，然后通过职业劳动又对客观的企业文化进行创新性改造，重构或丰富企业文化体系，从而赋予企业文化新的内容和特色。

### 2.2.4　职业教育在促进人的全面发展中的作用

实现中华民族伟大复兴的中国梦离不开人的全面发展，人的全面发展在很大程度上又离不开职业教育。职业教育赋予劳动者谋生的手段，在促进人的全面发展方面发挥了重要作用。

#### 2.2.4.1 职业教育促进人的全面发展

职业教育为实现人的全面发展提供了具体的途径和手段，是人们在现实生活中实现全面发展的基本途径之一。其具体表现在以下几个方面。

第一，关注人类生存是职业教育最基本的层面。职业教育对人的价值在于满足人的生存需要。从马斯洛需要层次理论来看，生存是人最基本的需要。从职业教育本身的发展定位来看，职业教育赋予劳动者生产技能，是劳动者从事社会生产获取生活资料的重要途径，这也是人最基本的需要层次。

第二，职业教育在更高的水平上不断提高人们的职业素质。在满足人们的生活需求之后，职业教育也有了更高层次的价值——培养具有良好思想道德、知识技能和人文素质的技能型人才。

第三，实现人的自我成长是职业教育发展的最高层次。职业教育作为我国教育体系中的一种类型教育，其发展的核心仍然是促进人的发展，使每个人都成为有用的人才，满足人们对美好生活的追求和向往。这也是职业教育的最终目标和最高发展水平。职业教育最大限度地满足社会发展的需要，其本质是最大限度地满足个人全面发展的需要。职业教育满足人的特殊发展需要，促进人的个性差异化发展。职业教育的根本意义在于强调人与人之间的人格差异和人格特征，以人为本位，关注和探索不同类型、不同层次的人，满足人的人格差异化发展要求，为社会不同人群提供广阔的选择和发展空间。

#### 2.2.4.2 职业教育塑造个性化主体

职业教育可以使人们掌握社会生产所需的实用技能、专业知识和技术手段，获得职业就业准入资格，具备从事某种职业的条件，并在社会发展中获得独立生产生活的能力。职业教育的就业功能是满足个体生存的需要。一方面，职业教育是以就业为导向的。它与企业合作，让学生在工作场所学习技能、知识、职业规范等，并最终促进学生就业。职业教育采用"订单式"培训，企业将人才培养纳入自身发展计划。职业院校依托企业开展有针对性的培训,形成合理的生产学习链，促进职业教育的优化发展，使高职院校培养的学生获得充分就业的机会。另一方面，职业教育培养学生在现代工业社会中的适应能力。一个人要想成为一位专业人士并融入职业社会，就必须适应该职业的规则。美国学者将一个人的职业发展过程分为五个阶段：第一阶段是成长阶段（从出生到14岁），主要关注自己的幻想和兴趣，并选择和评估他所了解的职业；第二阶段是逐步考虑自己的兴趣和能力，以及职业生涯的社会价值和就业机会，开始进入劳动力市场或从事某一职业的探索阶段（15～24岁）；第三阶段是试行择业、转岗，逐步建立稳定阶段（25～44岁）；第四，维持阶段（45～60岁），即劳动者在工作中取得一定成绩，维持现状，提高社会地位的阶段；第五，经济衰退阶段（60岁后），劳动者的职业生涯接近尾声或退出工作领域。

我国专家也提出了类似的划分方法，即明显发展期、继承期、创造期、成熟期和老年期，并将职业看作一个动态的过程。无论成功与否，每个劳动者都有自己的职业。职业教育通过开设职业规划课程，完成受教育者对自己生活的规划。职业教育为就业者的就业或再就业提供帮助。他们接受专业的职业技能训练、获得从事相关职业的准入资格并成功从事相关岗位工作，但在新的职业岗位上也将面临全新的职业挑战。归根到底主要有以下几方面原因：

第一，新技术、新工艺的不断涌现，客观上要求职业从业人员在职业技能、职业素养等方面获得提升，需要具备从简单技术劳动向复杂技术劳动过渡的职业素养，具备从单一专业能力向复合专业能力转变的职业素养。这一转变必然会导致从业技术人员与专业技术岗位不匹配的问题出现，即从业人员要适应新岗位、新技术的要求。

第二，现代社会经济更新换代较快，技术革新随时出现，职业的流动和转型已成为一种趋势和必然。这要求职业技能人才具备多种职业技能与职业技能再学习的能力。

第三，从职业技能人才个人发展的角度看，他们在解决基本的生存问题以后，必然会有更高层次发展的要求，他们希望改变或改善自己的职业地位或处境，提高专业技能水平，并希望通过某种手段和方式实现社会地位的改变。尤其是那些处境不利或贫穷的个人，更需要提高社会地位、发展社会联系、感受幸福生活，从而实现个人和家庭的社会价值目标。因此，对低收入家庭来说，要实现这些改变，最直接高效的方式就是接受职业教育，职业教育可以使受教育者个体在短时间内快速掌握新技术、新技能。

职业教育既可以满足个人适应职业或工作类型变化的需要，也可以满足个人职业流动和转型的需要。通过职业教育，受教育者可以不断提高职业技能水平和劳动能力，可以更快地适应和积极面对职业环境和技术更新。

# 3

# 职业教育助力共同富裕的内在逻辑

## 3.1 职业教育与共同富裕的共生关系

### 3.1.1 共生与共生关系

"共生"的概念是由德国真菌学家德贝里（Anton de Bary）提出的。德贝里在1879年首次提出了"共生"的概念，他将共生定义为不同种属的生物按某种物质联系而生活在一起，这个定义暗示了生物体某种程度的永久性物质联系。这一概念最初来源于生物学，后来被广泛应用于社会科学领域，用以描述不同生物种类之间相互依赖、相互影响的生态现象。

共生关系中存在共生单元、共生环境、共生模式三类元素，这三类元素彼此相互联系和影响，影响共生系统动态演变的法则和趋势。近年来，"共生"关系已逐渐从生物学领域扩展到经济社会领域，主要用来分析协同主体之间的共生模式对共生网络演化的影响。合作双方形成互利共生模式时，就会实现彼此合作承诺、创新能力、绩效成果的提升，最终各共生单元的成长也促进共生环境的优化（如图3-1所示）。[1]

---

[1] 陈建明、张理剑：《职业教育嵌入乡村振兴共生发展的研究》，《教育与职业》，2022（14）：104。

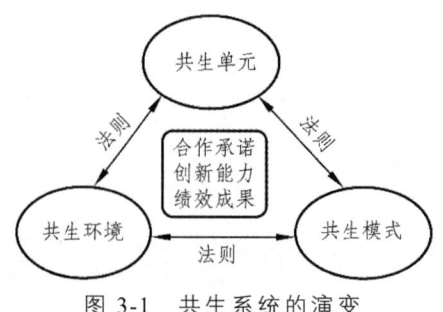

图 3-1 共生系统的演变

在职业教育领域，国内学者关于共生理论的研究主要集中于产教融合、校企合作和协同创新等方面。当前的农业和农村发展在人力资源、技术支持、产业发展等方面还存在不足，职业教育在这些方面又具有一定的互补性。实现乡村振兴和共同富裕目标，就必须发展职业教育，使职业教育与共同富裕目标共生发展。

### 3.1.2 共同富裕对职业教育的需求向度

职业教育是与经济生产、社会发展关系最直接、最密切的一种教育类型，在经济生产、社会发展中处于不可或缺的重要地位。在某种意义上说，职业教育是社会经济发展水平的一把量尺，也是现代教育发展的标志，在实现共同富裕目标的过程中具有不容忽视的地位。职业教育还可以加强产、学、研、用相结合，参与自主创新创业，积极响应国家政策，打造社会经济建设和发展的支柱产业，为实现共同富裕目标奠定扎实基础。

#### 3.1.2.1 职业教育在经济社会发展中的地位

职业教育作为一种客观存在，在社会整体经济发展中起着重要的作用。职业教育的地位可以从四方面去理解：第一方面是职业教育在群众中的地位，这能够体现出人们对职业教育的重视程度。第二方面是职业教育在社会整体经济发展和区域经济发展中的地位。每个国家对职业教育发展现状的描述，多是从其经济发展地位出发的。第三方面是职业教育在整个教育体制中所承担的职责和占据的地位。目前，社会上对职业教育还存在许多疑虑，这些疑虑不仅阻碍了职业教育的发展，而且阻碍了教育体制的完善。第四方面是职业教育在个人发展中的地位。教育的根本目的是培养人才，职业教育也不例外，它在社会和经济发展中的作用也是通过培育人才来实现的。

#### 3.1.2.2 职业教育在实现共同富裕目标中的地位

职业教育肩负培育多样化人才、继承传统技能和推动创新创业的重大使命。《国家中长期教育改革和发展规划纲要（2010—2020年）》更是把职业教育的地位进一步提高，将其放在十分重要的位置。这就要求职业教育工作者们切实把握发展机遇，努力解决突出问题，实现规模更大、质量更好、层次更高的发展，为实现中华民族伟大复兴的中国梦提供强大的技术、人才支持，推动职业教育高质量发展。

——职业教育推进社会经济发展和个人发展，助力共同富裕

职业教育推动受教育者实现个性化发展，所面对的对象不存在普遍和特殊之分。职业教育是社会经济发展和个人发展之间最重要和最基本的桥梁。职业教育为实现共同富裕社会目标提供高素质技能人才。国家按照产业繁荣、生态宜居、乡风文明、有效治理、生活富裕五大总要求，实施共同富裕战略，促进产业结构转型升级，从而实现社会全面发展，这些都离不开人才的支持。在促进共同繁荣和发展的过程中，职业教育服务于社会发展，在更新和传播新知识、建设和创新社会文化、激发社会活力和创造力、帮助个人发展和实现社会共同富裕等方面发挥着重要作用。同时，为社会发展培养懂技术、爱工作、爱创新的多层次高素质人才，特别是培养有文化、懂技术、会操作的新型技术人才，是社会对职业教育发展提出的新要求。

——职业教育为实现共同富裕目标提供技术支持

各类职业教育机构，主要包括各级职业学校（包括县级职业教育中心、乡镇成人文化技术学校、县级职业高中）、职业技术学院等实体办学机构，通过相关项目的开发为经济建设、行业发展提供技术指导和支持。职业教育提供的技术支持一般包括技术创新和相关技术人才，

通过挂职锻炼、兼职、志愿服务、科研等产学研合作方式在相关企业进行创新创业。这种技术创新和派遣（常驻）技术人员（人才）是职业教育将自身知识和技术优势转化为社会发展实际生产力的主要方式。各职业教育机构积极研发科技成果，有效促进技术创新和社会发展，为实现共同富裕目标提供人才和技术支持。

——职业教育是实现社会共同繁荣的支柱产业

职业教育可以为社会直接输送优秀的应用型技能人才，这些人才可在生产、服务、技术和管理等一线岗位发挥直接的作用。我国为了填补社会经济发展的技术和人才缺口，培养符合我国社会主义建设需要的、具有较强综合能力的应用型人才，1985年颁布了《中共中央关于教育体制改革的决定》，指出："社会主义现代化建设不仅需要高级科技专家，而且迫切需要千百万受过良好职业技术教育的中初级技术人员、管理人员、技工和其他受过良好职业培训的城乡劳动者。"这一决定明确肯定了职业教育的社会地位和教育功能，将科技发展和人力资源开发结合起来，通过市场应用开发转化为社会生产力。1998年2月，国家教委印发《面向二十一世纪深化职业教育教学改革的原则意见》，提出了十三条指导意见。2005年发布的《国务院关于大力发展职业教育的决定》指出：社会生产的产品质量、收益以及发展速度都离不开职业教育的培育与发展。职业教育作为社会发展的中坚力量，在我国不断实现现代化、社会化以及工业化的过程中，扮演着重要的角色。

在经济社会的发展过程中，职业教育虽然处于优先地位，但缺点也是明显的，主要表现在社会地位方面。国家和社会历来对基础教育比较重视，各个地方政府在统筹经济建设和社会发展时，也应把职业教育放在更加重要的位置。在社会经济新发展、新目标的建设过程中，要在资金、人力、物力以及政策上予以保障。

职业教育是实现社会共同繁荣、走向共同富裕的支柱产业。目前，一批优质职业院校已将其知识和技术优势与企业的实际应用和社会发展相结合，特别是基于或依托当地资源和产业特点，逐步形成了一批具有一定区域影响力的产业，有效促进了社会产业结构升级，为社会带来了新的经济增长点。事实上，共同繁荣和产业繁荣是关键，其中一个重要目的就是加快现代产业体系建设，提高产业创新能力和竞争力。

### 3.1.3 职业教育对共同富裕目标的需求向度

共同富裕目标的实现，不仅体现在经济发展上，还体现在人民群众的普遍福祉方面。在国家整体战略中，共同富裕不仅是一个目标，而且是社会建设和发展的指导思想。

#### 3.1.3.1 职业教育需要共同富裕目标作为强大物质基础

职业教育能充分发挥其适应社会发展的教育功能。职业教育与社会发展紧密联系，为社会经济发展培养高技能人才，实现科学技术向社会生产力的转化，培育劳动者的工匠精神等，还在一定程度上统筹社会经济发展的各种市场要素。然而，职业教育在前期投入较大，尤其是实训场地的建设、师资队伍的培育等，都需要大量的资金和社会支持。基于此，政府须投入足够的资源，发挥市场的调节作用，促使职业教育与企业生产形成共同体。在实现共同富裕目标过程中的社会建设，可以为职业教育提供强大的物质基础。

#### 3.1.3.2 共同富裕目标决定了职业教育的发展规模和层次

共同富裕目标的实现需要大量的高技能人才，社会生产需要大量的应用技术，这些市场资源为职业教育的进一步发展创造了条件。要实现中国制造的"优质制造、优质创造"和价值链升级，就必须培养高技能应用人才，尤其是通过职业教育培养高素质高技能劳动者，他们是实体经济发展的重要支撑。职业教育也是提升经济管理水平的重要因素。职业教育要促进区域经济社会发展，就要提高经济管理水平。职业教育的作用就是对相关人员进行职业技术培养和培训，使职业技术人员实现劳动技能的现代化，提高经济效率。职业院校为社会的发展提供相关的人才与技术，但是不能盲目扩大职业教育的规模，职业教育发展应与共同富裕社会建设相适应。这就必须要对职业教育做出相关的规划与管理，使职业教育的发展更加科学、合理、高效。在重视职业教育的同时，还要关注市场的变化，通过市场的变化来调整职业教育发展的规模和层次。

#### 3.1.3.3 共同富裕社会建设促进社会平等和教育公平

贫富差距一直以来都是社会关注的焦点，不仅反映了社会的不平等现象，也影响了整个社会的稳定和可持续发展。

第一，贫富差距的扩大可能导致社会内部的不稳定。当一部分人群因为长期贫困而无法享受到基本的教育、医疗和社会服务时，社会将会出现分裂和紧张，容易引发社会矛盾和冲突。这些不稳定因素不仅会威胁社会的和谐，也会对政治和经济制度造成潜在威胁。

第二，贫富差距扩大可能加剧社会的不平等现象。[1]富裕阶层拥有更多的资源和机会，而贫困阶层面临更多的限制和挑战。这种不平等不仅违背了社会公平原则，还可能导致贫困人口产生无望感和对社会制度的不信任，从而削弱社会凝聚力。

第三，贫富差距的存在也影响整个经济系统的健康发展。当庞大的贫困人口无法融入经济发展的主流时，整体经济增长速度就可能减缓。相反，当富裕阶层积累过多财富时，过度集中的资源可能导致市场扭曲、垄断加剧，进而影响市场的公平竞争。

实现共同富裕就是为了减少低收入群体，让社会收入结构呈现橄榄型，促进社会平等，促进教育均衡。因此，职业教育不能被视为"低层次"的教育，人人可以参加职业教育，人人可以在接受职业教育后获得较好的工作职位。

## 3.2 职业教育与共同富裕目标价值与逻辑的同一性

### 3.2.1 职业教育与共同富裕目标价值的同一性

职业教育和共同富裕目标在价值上高度一致，在探寻发展道路的

---

[1] 黄国瑞：《不同类型的收入差距对居民消费影响研究》，《哈尔滨学院学报》，2020，41（12）：28。

过程中存在契合性。

#### 3.2.1.1 以人民为主是职业教育和共同富裕目标协同发展的宗旨

中国共产党自诞生以来，就提倡始终坚持以人民为中心发展教育，努力让每个孩子都能享有公平而有质量的教育，办好人民满意的教育。随着我国经济发展背景的不断改变，为谁培育人才、培育怎样的人才以及如何培育人才的问题应运而生，职业教育也紧跟时代步伐调整发展方式。比如，职业教育在革命时期的目标就是努力培育各种服务于革命斗争的人才；在社会主义建设时期，职业教育的目标从最初培育兼具高度思想觉悟和文化素质的劳动者，到后来培育高水平科技文化工作者，再到后来为适应时代发展要求，紧跟时代步伐，培养成千上万高文化素养的劳动工作者和科技人才等，充分展现了以人民为中心的宗旨。由此可见，始终以人民为中心，是职业教育的终极意义。

以人民为中心也是实现共同富裕目标的根基。一方面，人民是共同富裕目标实现的重要主体，努力推动社会的发展进步，淘汰陈旧的社会形态；另一方面，人民群众是共同富裕目标实现的最终受益者，社会发展始终以人民为中心。想要实现共同富裕，人民群众必须辛苦劳动，努力创新，创造出丰富的物质财富和精神财富。因此，必须坚持为人民服务的主旨，实现劳动成果由人民共享。我们党在建立之初就承担着实现人民共同富裕伟大目标的重大使命。在实现第一个百年奋斗目标的伟大历程中，我们党带领人民努力奋斗，顺利解决了各种矛盾纠纷，实现了总体小康的目标。

#### 3.2.1.2 实现中华民族伟大复兴是职业教育和共同富裕目标的精神内源

实现中华民族伟大复兴不仅是新时代背景下的民族梦，还是中华儿女始终追求的价值目标。从最初倡导"救亡图存"的洋务派到试图以实业救国的实业派，从培育专业技术人才到服务于现代经济发展，我国职业教育从产生到发展虽然路途坎坷但仍在不断前进，目的是早日实现共同富裕目标，实现中华民族伟大复兴的中国梦。

实现共同富裕目标是实现中华民族伟大复兴中国梦的途径之一，换句话说，实现中华民族伟大复兴的中国梦是实现共同富裕目标的精神内源。中国共产党成立以来，一直为实现共同富裕目标而努力奋斗，最终探索了一条符合我国国情的共同富裕道路，形成了一系列富有中国特色的共同富裕思想。党的十八大以来，中国共产党带领广大人民群众团结一致，努力奋斗，顺利实现了第一个百年奋斗目标，为实现共同富裕目标打开了新的局面。

#### 3.2.1.3 人类命运共同体是职业教育和实现共同富裕的发展动力

孔子在《礼记》中曾描述了"天下大同"的美好社会愿景。在辛亥革命时期，孙中山提出了大同社会的美好理想。2013年3月，习近平总书记首次提出构建人类命运共同体理念，这是中国共产党为人类发展提供的"中国方略"。实践证明，中国和世界的发展是紧密联系的，不同国家要在保持本国文明、政策等的前提下，协同一致地参与国际活动，共同承担相关责任，促进人类社会的和谐发展。

我国职业教育的发展也不是孤立的，最开始是努力学习外国的发展技术，尤其是苏联。在很多方面，我们照搬了苏联的模式。在一段时间的磨合以后，发现存在一些问题，又积极学习西方发达国家的职业教育经验。经过多年的探索，我国逐步形成了适应我国国情的职业教育制度和体系，职业教育慢慢走向世界舞台，参与世界职业教育的学习与交流。随着我国综合实力的提高，国际交流越来越频繁，我国始终坚持建立开放型世界经济体制，努力构建人类命运共同体，从"一带一路"倡议到"亚投行"的建立，从"绿色低碳"理念到"碳达峰、碳中和"理念等，始终秉持开放、包容的态度，期待与世界其他国家共生共荣。

### 3.2.2 职业教育与共同富裕目标逻辑的同一性

我国职业教育发展至今已经有160多年的历史了。职业教育最早出现在 19 世纪 60 年代，最初被称作实业教育。其发展历程可以分为以下四个阶段：一是新中国成立前的探索阶段；二是新中国成立至改革开放时期的困难建立阶段（1949—1978 年）；三是改革开放政策实施以来的高速发展阶段（1978—2012 年）；四是新时代背景下的高素质教育阶段（2012 年至今）。共同富裕是我国人民所共同期盼的，是人民的共同美好追求。共同富裕思想的发展也相应地分为四个阶段，这四个阶段充分彰显了职业教育和共同富裕目标的高度统一性。[①]

#### 3.2.2.1 探索发展路径：新中国成立前的探索阶段

近代以来，一部分思想比较先进的志士能人逐渐认识到职业教育的重要性，试图通过职业教育来发展实业，拯救中华民族。从最初洋务派提倡的学习国外军事技术到维新派倡导发展实业，再到后来将实业教育发展成独立体系，其富国富民的目的愈发明显。陆费逵在 1911 年就提倡职业教育，并说明职业教育对于实业发展和民生富裕的重要性。随着新文化运动的开展，黄炎培在 1917 年建立了中华职业教育社，他主张打破传统学校教育的局限，提倡教育与职业相结合的新教育形式。至此，大致上实现了实业教育向职业教育的转变，职业教育逐步被人们接受并重视。近代以来，我国经济社会不断前进，职业教育登上历史舞台并发挥了它应有的重要作用，有识之士明白了中国当时包括贫困在内的很多问题都可以通过发展职业教育来解决，职业教育因此更加被重视。

中国共产党在土地革命时期制定了《短期职业中学试办章程》，明确指出职业教育要融合军事实践，针对农民、工人和妇女举行认字教育运动，针对红军和干部进行针对性的职业教育，激励工农群众和党员干部提升自我，从而有能力来应对突如其来的形势变化，稳定政权。在抗日战争时期，我们党通过创建干部学校，培育各种战争所需的人才，提升党员干部的各种专项技术水平，努力争取战争的胜利。在解

---

[①] 张安强、官丽丽：《职业教育与共同富裕同向同行的历史逻辑、价值耦合及实现路径》，《教育与职业》，2022（8）：14-16。

放战争时期，我们党在各解放区深入渗透职业教育，并推动其制度体系的形成。在某种意义上可以说，职业教育加速推动了中国共产党领导人民群众取得革命的胜利。

公平和进步是实现共同富裕目标的重要特征，也是人民群众一直所追求和向往的。近代以来，国家支离破碎、社会动荡不安，人民群众就更加盼望社会公平和进步。太平天国之所以能够存在很长一段时间，是因为其在一定程度上满足了当时人民群众得到土地的愿望；洋务运动倡导学习外国先进技术也是希望我们的国家能够强大，不受别的国家欺辱，能得到公平对待；维新运动主张变革也是希望在公平中实现发展和进步；辛亥革命推翻帝制，希望建立一个公平、进步的社会。中国共产党成立以来，一直积极为人民群众追求的公平和富裕而努力，在土地革命时期努力满足人民耕者有其田的美好愿望，积极发展制造业，提高人民生活水平，最终建立新中国，带领全国人民朝着共同富裕的目标前进。由此可知，职业教育的发展在一定程度上和共同富裕目标的推进类似，都是为国家的长远发展探索新出路。

#### 3.2.2.2　步入正轨：新中国成立至改革开放时期的困难建立阶段（1949—1978年）

新中国成立后，我国迫切需要解决经济恢复和发展问题，而解决这一问题的主要举措就是进行工业化建设。新中国成立之前对职业教育的摸索，为之后我国职业教育的发展奠定了良好的基础，通过加大对中专技术教育的普及和发展力度，我国工业经济得到了很好的发展。根据形势的发展，我国就对职业教育做了全面的分析和论证，并在原有基础上进行适当调整。1954年发布的《中央人民政府政务院关于发展和改进中学教育的指示》，明确规定了中等职业技术学院中的教学形式、学习年限、专业类别等，制定了一系列规章制度。1958年，国家要求快速高效地建立完备的教育体系，快速建立各种各样的职业教育学校。从1961年到1963年，教育部主张放慢速度、缩小规模、提升教学水准。因此，职业教育在这一阶段放缓了发展速度。1964年，《中小学和职业教育七年（1964—1970）规划要点（初步草案）》出台，许多职业学校随之出现。

新中国成立后，我国工业体系逐步完善，社会生产力逐步提高。1953 年，毛泽东同志提出了逐步实现社会主义工业化，逐步实现国家对农业、手工业和资本主义工商业改造的过渡时期的总路线，为共同富裕目标的实现打好了制度基础。改革开放以后，国家始终坚持以人民为中心，带领全国人民努力向共同富裕的目标迈发。在这个过程中，职业教育作为高效培养高技能人才的类型教育，为工业发展和现代化建设培育了许多专业人才。

从发展历程中可以看出，从新中国成立到改革开放时期，我国职业教育在社会主义共同富裕目标的指引下，取得了一些成绩，积累了宝贵的经验。

#### 3.2.2.3 精准合作促发展：改革开放政策实施以来的高速发展阶段（1978—2012 年）

改革开放以来，党的工作重心转移到经济建设上。由于国家当时缺乏大量且高水准的技术人才，经济和社会的发展进展缓慢。因此，国家出台了一系列政策对职业教育的可持续发展做出了制度安排。1996 年，国家颁发《中华人民共和国职业教育法》，职业教育在法律上得到了认可和保障，职业教育的发展更加符合法律和法治的规定要求。在一系列文件的保障下，职业教育的发展速度加快，1998 年不断扩大招收范围和名额，1999 年开始鼓励社会力量参与进来，积极创办民办职业学校，加强对高等职业教育全方位的管理，职业教育在这一阶段得到了迅猛发展，数量也呈阶梯式增长，招收人数越来越多。2010 年《国家中长期教育改革和发展规划纲要（2010—2020 年）》发布后，我国职业教育在原有基础上得到空前发展，职业教育体系也建立起来，体制机制逐步完善，社会适应性逐步提高。

对于经济发展和实现共同富裕目标，国家进行了经验总结。只有生产力得到发展，我国的贫困问题才能从根本上得到解决，全面建成小康社会和共同富裕目标才会顺利实现。生产力的发展主要依靠人才，而人才的培养离不开高质量的教育。中国共产党第十六次全国代表大会报告明确指出，要想实现共同富裕，重要的一点就是扩展中等收入者的规模，鼓励帮助一些人通过努力诚实劳动和合法经营率先富起来，然后鼓励带动还没富起来的人走向富裕，从而实现最终的共同富裕目标。而这部分人的选择离不开职业教育，职业教育的重要职责就在于培育这一部分人，使其掌握一定水平的劳动技能和文化素养。此外，随着我国经济发展水平的不断提升，在利润的分配上更需要做到公平公正，在平等的基础上保证这一分配原则符合全民共享的要求。由此可见，在这一阶段，职业教育和共同富裕目标的推进体现出高度融合和精准合作的特点。

### 3.2.2.4　战略转型新局面：新时代背景下的高素质教育阶段（2012 年至今）

党的十八大以来，在中国共产党的高度重视和领导下，职业教育逐渐步入新的发展阶段。党中央在 2013 年颁布《中共中央关于全面深化改革若干重大问题的决定》，进一步明确了职业教育的发展目标。习近平总书记在 2014 年针对职业教育的加速发展作出了重要指示，具体阐述了怎么看待职业教育和怎么发展职业教育这两大问题，理清了职业教育发展过程中的逻辑因果关系，提出了以后的发展愿景。《现代职业教育体系建设规划（2014—2020 年）》，将职业教育的发展归入我国教育整体发展规划中。此后，我国颁布了许多文件，召开了多次会议，计划从多方面发展具有我国自身特色的职业教育。一方面，试图改革并发展中国特色的职业教育，让职业教育走向世界；另一方面，将本科层次的职业教育作为试点，试图建立更完善的职业教育体制。2019 年国务院颁布《国家职业教育改革实施方案》（简称"职教 20 条"）以来，一部分学校通过一系列手段实施本科层次的职业教育。我国职业教育体制逐步完善，中职、高职和职业本科三个不同层面的职业教育融合发展。习近平总书记在 2021 年再次强调发展职业教育的重要性并提出发展意见，要求职业教育培育更多具有高道德素质、高文化素养、高技术水准的尖端人才。同年，《中华人民共和国职业教育法》（2022年发布新版）修订，再次彰显了职业教育在培育有利于国家发展的人才上的重要地位。

习近平总书记结合我国现阶段发展国情，明确表明我国社会的主要矛盾，从人民日益增长的物质文化需要与落后的社会生产之间的矛盾，转变为人民日益增长的美好生活需要和不平衡不充分的发展之间的矛盾。而解决这一矛盾的根本办法就是在坚持以人民为中心的基础上，创新发展理念，扩大经济水平发展的受益群体，让更多的人共享共同富裕所带来的美好生活。在中国共产党成立第一个百年的最后阶段，顺利完成历史遗留的脱贫攻坚难题和全面建成小康社会的伟大目标，并做出共同富裕的发展规划。在实现共同富裕的发展道路上，职业教育发挥了不可忽视的重要作用，二者齐头并进所取得的成果十分显著。

## 3.3 职业教育对贫困代际传递的阻断作用

贫困问题曾经成为制约我国共同富裕目标实现的主要障碍之一。为了加快实现共同富裕目标，我们需要深入思考如何打破贫困代际传递，让每个人都有机会实现自身价值。职业教育作为一种重要的教育手段，不仅关乎个体职业发展，而且关系到整个社会的繁荣。

### 3.3.1 贫困代际传递的内涵与背景

贫困代际传递是指贫困状态在家庭内代代相传的现象。这一现象表明，父母或祖辈的贫困状况对其后代将产生深远的影响，使贫困成为一个家庭的世袭特征。这种传递不仅体现在经济层面，还体现在社会资源的有限获取、教育水平的相对滞后等方面。贫困代际传递反映了社会中存在的不平等现象，严重阻碍共同富裕目标的实现。因此，寻找有效的方式打破这一恶性循环，成为社会发展的重要课题。

2015年，中央全面深化改革领导小组第十一次会议通过了《乡村教师支持计划（2015—2020年）》，强调发展乡村教育，确保每个乡村孩子都能接受公平、有质量的教育，以阻止贫困代际传递。我国在2020年实现了脱贫攻坚的全面胜利，但在中西部等乡村地区，贫困代际传递现象仍然存在。[①]发展乡村教育是基础，乡村孩子只有接受公平的基础教育，才能为未来的普通中学教育和职业教育积累知识和认知能力，从而阻止贫困代际传递。因此，在基础义务教育阶段，政府就应加大在教育经费、资源、基础设施等方面的投入，发展乡村教育。

### 3.3.2 职业教育对阻断贫困代际传递的影响

对于"职业教育对阻断贫困代际传递的影响"这个问题，总体上来看，调研组所调查的几个教育阶段，认为"帮助比较大"的较多；选择"帮助非常大"和"帮助比较大"的总人数是1 025人（如表3-1所示），占样本总数的70.06%；选择"一般"和"帮助小"的人数分别为336人和71人，占总调查样本数的22.97%和4.85%；选择"帮助非常大""帮助比较大""一般"三者的总占比达到了93.03%，家长和学生普遍认为职业教育对阻断贫困代际传递有帮助，而且有比较大的帮助。

表3-1 职业教育对阻断贫困代际传递的影响

| 教育阶段 | 调查人数 | 帮助非常大 | 帮助比较大 | 一般 | 帮助小 | 帮助非常小 |
| --- | --- | --- | --- | --- | --- | --- |
| 高中教育 | 290 | 19 | 165 | 78 | 23 | 5 |
| 中等职业教育 | 297 | 39 | 126 | 113 | 12 | 7 |
| 高等职业教育 | 441 | 90 | 254 | 76 | 13 | 8 |
| 本科教育 | 435 | 106 | 226 | 69 | 23 | 11 |
| 合计 | 1463 | 254 | 771 | 336 | 71 | 31 |

在"职业教育对阻断贫困代际传递的影响"方面，如果按不同教

---

[①] 国务院办公厅：《乡村教师支持计划（2015—2020年）》，中央政府门户网，https://www.gov.cn/xinwen/2015-06/08/content_2875260.htm，2015-06-08。

育阶段来细分，职业教育与普通教育存在的差距并不明显，其中高中教育与中等职业教育阶段认为"帮助大"（含"帮助非常大"和"帮助比较大"，下同）的分别有184人和165人，分别占该教育阶段调查样本数的63.45%和55.56%（如图3-2所示）。而在高等职业教育和本科教育阶段认为"帮助大"的为344人和332人，分别占该教育阶段调查样本数的78.00%和76.32%。对"教育对阻断贫困代际传递的影响"表示"一般"的有336人，其中以中等职业教育为主，人数为113人，占该教育阶段总样本数的38.05%。而普通高中教育、高等职业教育和本科教育相应的人数分别为78人、76人和69人，分别占该教育阶段总样本数的26.90%、17.23%和15.86%。从对"教育对阻断贫困代际传递的影响"这一问题调查结果的整体分析可以看出，职业教育与普通教育的影响几乎没有明显差别，普通高中教育略高于中等职业教育，而高等职业教育又略高于本科教育，高等教育则明显高于中等职业教育。可见，家长和学生认为高学历比较重要，职业教育和普通教育也比较重要。职业教育能与普通教育在"对阻断贫困代际传递的影响"上处于同等重要地位，足以表明职业教育的影响力今非昔比。然而，职业教育各方面还有明显不足，说明职业教育还大有可为。

图3-2 教育对阻断贫困代际传递的影响

### 3.3.3 打破贫困代际传递的职业教育路径

#### 3.3.3.1 让落后地区人口接受职业教育，阻断贫困代际传递

要打破贫困循环，就要让所在地区人口全面接受高质量教育，获得谋生的技能，从而有效阻断贫困代际传递。首先，需要建立健全教育体系，确保每个居民都有平等的入学机会。这需要增加教育资源投入，改善学校基础设施，提高教育质量。其次，通过设立奖学金、资助计划等方式，减轻家庭经济压力，确保子女能够顺利完成学业。[1]同时，加强职业指导，帮助学生更好地了解自身兴趣和能力，选择适合自己的职业路径。这些措施是人们彻底摆脱贫困、改变命运的有力途径，可以为实现共同富裕目标奠定基础。

#### 3.3.3.2 提升职业教育精准度，阻断贫困代际传递

要有效阻断贫困代际传递，还需要提升职业教育的精准度，以确保职业教育资源更有针对性地服务落后地区的学生。首先，需要建立更精确的落后地区学生信息系统，全面了解学生家庭状况、个体差异和特殊需求，以便量身定制教育方案。其次，引入先进的评估和测评工具，对学生的学科兴趣、潜力和学习特点进行全面、科学的分析，有针对性地提供个性化的学科辅导和职业规划建议。在教育资源配置上，需要更具精准性地投入师资、课程和教育设施，确保资源优先覆盖那些更为落后、更需要帮助的学生。[2]此外，应建立与社会福利、心理健康等方面有关的支持体系，维护学生的身心健康。

#### 3.3.3.3 开展多样化教育，阻断贫困代际传递

要阻断贫困代际传递，还有必要开展多样化的教育，以满足不同学生的需求，激发他们的潜力。首先，推动多元化课程设置，包括职业技能培训、创新创业教育、艺术体育等多方面的内容，以契合学生

---

[1] 林俊：《共同富裕视域下农村职业教育阻断农民贫困代际传递的实现机制》，《职业技术教育》，2022，43（25）：63-64。

[2] 荀灵生、刘儒：《教育供给阻断贫困代际传递的机制及实现路径》，《西北农林科技大学学报（社会科学版）》，2021，21（5）：52。

的不同兴趣和潜能。这样的多样性教育旨在拓宽学生的视野，培养他们多方面才能，更好地满足未来职业市场的需求。其次，注重培养学生的实际操作能力，引入实践性强、贴近行业实际的项目和实习机会。这样的实践经验不仅有助于提高学生的职业素养，还能够帮助他们更好地适应工作环境，提高就业竞争力。同时，开展社区服务、志愿服务等活动，培养学生的社会责任感和团队协作能力。

在打破贫困代际传递的道路上，职业教育被赋予了重要的使命。通过建设健全的教育体系，提高教育的精准度，以及开展多样化的教育，我们可以为落后地区的学生创造更多的机会，让每个孩子都能享受公平、高质量的教育，彻底摆脱贫困的束缚，让教育的光芒照亮每一个落后地区的孩子，助力共同富裕的伟大目标早日实现。

# 4

# 实现共同富裕目标过程中职业教育发展的相关问题

## 4.1 浙江省6县市问卷调查基本情况分析

2020年年初,笔者对浙江省6县市低收入家庭基本情况进行调查统计,得到样本的基本构成情况,包括性别、贫富程度、家庭人口数、劳动力数、低收入家庭学生的识别情况,家庭年人均收入和家庭的教育支出情况等,具体如表1-5所示。

### 4.1.1 低收入家庭贫富程度基本情况

本次调查回收有效问卷共1 463份,按受访者性别划分,其中男性受访者有805人、女性受访者有658人。根据家庭贫富程度划分,特困、一般贫困、普通家庭和富裕的选项分别有79人、746人、514人和124人,分别占5.40%、50.99%、35.13%和8.48%。调查对象的家庭经济状况以一般贫困和普通家庭为主体,两者占总调查人数的86.12%,基本代表了经济条件相对较差家庭的情况。在这些被调查者中,属于最低保障家庭的人数占少数,有53人,占比为3.62%,这个比例与我国的基本情况接近。同时,民政部的统计数据显示,全国共有城乡低保对象3 983万人。关于是否属于"贫二代"家庭的问题(如图4-1所示),其中326人选择了"不是",1 137人选择了"是",占比分别为22.28%和77.72%,属于"贫二代"家庭的明显偏高。对于

# 4 实现共同富裕目标过程中职业教育发展的相关问题

"贫二代"家庭的调查主要目的是了解贫困代际传递的根源，挖掘深层次原因，找到职业教育助力共同富裕目标实现的有效路径。

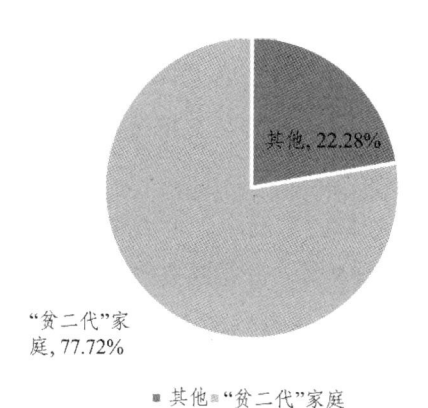

图 4-1 "贫二代"家庭占比

## 4.1.2 经济困难学生家庭的人口数和劳动力数

调查数据显示，在被调查对象的家庭结构中，家庭人口数 2 口人、3 口人、4 口人和 5 口人及以上的家庭分别有 54 个、319 个、628 个和 462 个，所占比例分别为 3.69%、21.80%、42.93% 和 31.58%。在家庭人口数统计的结果中（如图 4-2 所示），2 口人的占比最低，4 口人和 5 口人的比例较高，两者总数达到 74.51%，属于本次调查中较为集中

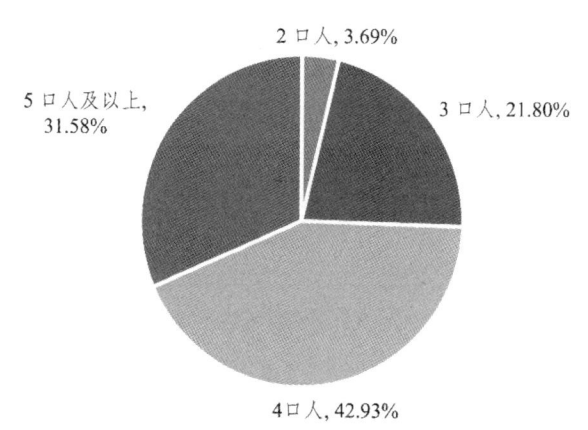

图 4-2 家庭人口数占比图

的群体。家庭人口数涉及被调查对象夫妻、子女、父母，因此，调查结果显示的2口人占比极低，属于正常现象，基本属于单亲家庭的情况。而4口人和5口人及以上家庭较多，因为这一代大学生或者高中生还普遍以独生子女为主，在家庭人口数量上符合实际情况，也代表了广大普通或者相对贫困家庭的基本情况和意见，他们的意愿或意见对本次调查有较大的帮助。

在以上这类调查对象的家庭中，调查结果显示（如图4-3所示），劳动力数为1人的有185份，占总调查样本数的12.65%；劳动力数为2人的有923份，占总调查样本数的63.09%；劳动力数为3人的有301份，占总调查样本数的20.57%；劳动力数为4人及以上的有54份，占总调查样本数的3.69%。劳动力数为2人的占比最大，达到了63.09%。其次是劳动力数为3人的家庭，占比为20.57%；占比最低的为劳动力数4人及以上家庭，占比仅为3.69%。这个调查结果也符合实际情况，在被调查对象这个年龄段，基本处于"上有老，下有小"的阶段，子女还未参与工作，老人年龄普遍在60周岁以上，家庭劳动力主要是被调查对象夫妻或者个别老人。

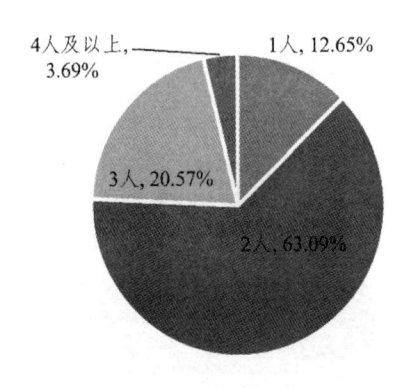

图4-3 家庭劳动力数

家庭劳动力数影响一个家庭的经济收入、教育支出等各方面，是实现共同富裕目标需要重点关注的因素。尤其是职业教育在助力共同富裕目标实现的过程中，教育资金的投入是一个关键因素。贫困人群家庭收入较低，政府在教育扶持上就应加大力度，教育经费要足够多，教育扶持面要足够宽，才能真正将教育扶贫落到实处，充分发挥教育阻断贫困代际传递的特有功能。职业技术教育相对普通教育，需要投入更多的资源，在师资建设、教学条件、环境设施、实训设施、产教融合等方面都应体现职业技术教育的特色，让职业技术教育真正发挥其功能。

### 4.1.3 低收入家庭的收入情况

在本次调查结果中（如图4-4所示），被调查对象家庭年人均收入低于10 000元的有128人，占被调查样本总数的8.75%；家庭年人均收入在10 000～20 000元的有307人，占被调查样本总数的20.98%；家庭年人均收入在20 000～30 000元的有893人，占被调查样本总数的61.04%；家庭年人均收入在30 000元以上的有135人，占被调查样本总数的9.23%。根据总体情况分析，被调查对象家庭年人均收入以20 000～30 000元为主，占比61.04%；其次是家庭年人均收入在10 000～20 000元区间，占比为20.98%；而低于10 000元与30 000元以上的占比相对较低。根据浙江省年度统计调查结果，2022年，浙江省全体居民人均可支配收入60 302元，人均生活消费支出38 971元；城镇常住居民人均可支配收入71 268元，人均生活消费支出44 511元；农村常住居民人均可支配收入37 565元，人均生活消费支出27 483元。[1] 经过对比可以发现，被调查对象家庭年人均收入基本上都低于浙江省农村常住居民人均可支配收入（37 565元），这并非调查违背了随机性原则，而主要是与本次调查的目的有关。本次调查主要研究职业教育助力共同富裕目标实现的问题，希望通过发展职业教育在一定程度上帮助解决一些家庭的低收入问题。所以，在被调查对象的选择上，精准选择浙江省经济发展相对落后的县市，并以来自这些县市的低收入家庭为主要调查对象，被调查者家庭收入自然低于浙江省农村常住

---

[1] 浙江省统计局：《人民生活》，http://tjj.zj.gov.cn/col/col1525493/index.html。

居民人均可支配收入平均水平。

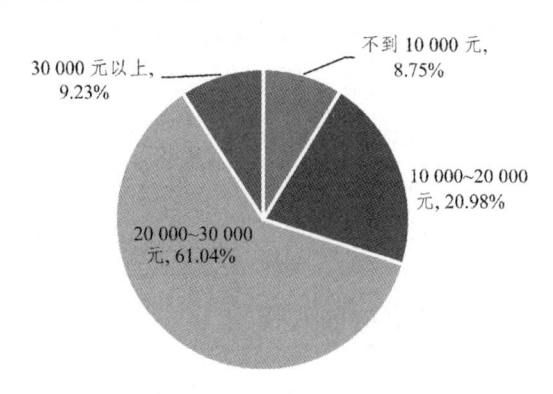

图 4-4　家庭年人均收入情况

在被调查的 1 463 户低收入家庭中，家庭收入来自固定工资收入的有 585 户，占被调查样本总数的 39.99%；家庭收入来自个体经营收入的有 247 户，占被调查样本总数的 16.88%；家庭收入来自外出务工的有 301 户，占被调查样本总数的 20.57%；家庭收入来自纯务农收入的有 254 户，占被调查样本总数的 17.36%；家庭收入来自其他收入的有 76 户，占被调查样本总数的 5.19%。收入来源以固定工资收入为主，其次是外出务工收入，两者占比分别为 39.99% 和 20.57%。另外，个体经营收入和纯务农收入也较多，均在 17% 左右。调查组通过对部分人员访谈得知，固定工资收入主要靠从事固定工厂生产、保安、出租车司机、美团外卖等相对比较稳定的工种获得，这类工种相对比较辛苦，收入比较低。总的来看，被调查对象所从事的工作不能带来较高且相对持续的工资收入。

### 4.1.4　低收入家庭的教育支出情况

在本次调查结果中（如图 4-5 所示），被调查对象年均教育支出约占家庭总支出的比例低于 20% 的有 142 人，占本次被调查人员总数的 9.71%；教育支出占家庭总支出比例在 20%～50% 的有 493 人，占本次被调查人员总数的 33.70%；教育支出在 50%～80% 的有 735 人，占被调查样本总数的 50.24%；教育支出在 80% 以上的有 93 人，占被调查样本总数的 6.36%。根据总体情况分析，被调查对象家庭年均教育支出约占家庭总支出的比例主要在 20%～80%，两者占比达到 83.94%。由此可见，低收入家庭的教育支出相当大，对他们中的很多家庭来说都存在入不敷出的情况。

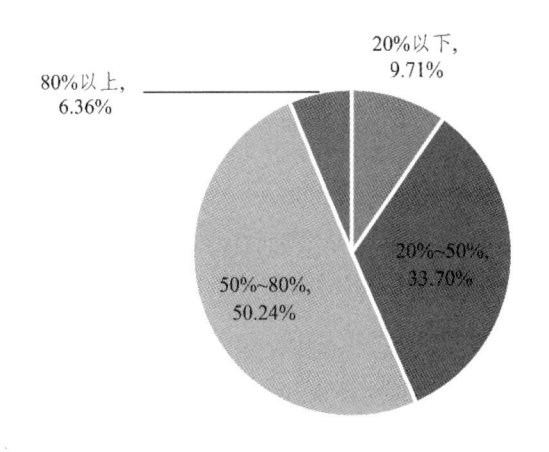

图 4-5 教育支出占家庭总支出的比例

在"能否承担孩子的教育支出"问题上（如图 4-6 所示），选择"完

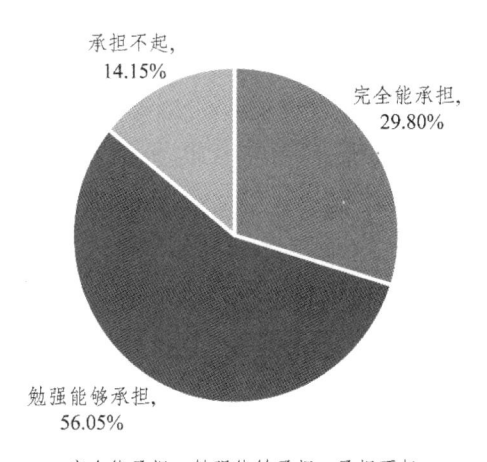

图 4-6 承担孩子的教育支出

全能承担"的有 436 人,占被调查样本总数的 29.80%;"勉强能够承担"的有 820 人,占被调查样本总数的 56.05%;"承担不起"的有 207 人,占被调查样本总数的 14.15%。总的来说,低收入家庭在承担子女教育费用问题上相对都比较困难,经济收入不能支持子女享受更好的教育。由此可知,职业教育投入和扶持对低收入家庭来说将起到至关重要的作用。加大职业教育的扶持力度,对职业教育助力共同富裕目标的实现极为重要。

## 4.2 职业教育资源问题

教育资源的稀缺性在经济欠发达地区表现得尤为突出,因此优化和充分利用这些有限资源就显得非常重要。特别是在职业教育方面,不合理的资源供给结构是一个严重的问题。在资源有限的情况下,提高教育质量是一项艰巨任务。教育资源的不足可能导致教学设施老旧、师资力量薄弱、教育技术滞后,而这些又会直接影响教育效果和学生的学习体验。

### 4.2.1 基于浙江省 6 县市调研的结果

职业教育资源不足主要体现在教育教学条件的限制上,教育教学条件包含课程设置、师资力量、教学水平、设施环境这四个方面。

#### 4.2.1.1 高等职业教育课程设置存在的问题

对于"学生和家长对课程设置的满意度"这一问题,总体上来看(如表 4-1 所示),所调查的几个教育阶段,选择"非常满意"和"比较满意"的人数相对比较多,总数达到 795 人,占总调查样本数的一半以上。但按不同阶段来细分,又存在很大的差别,其中高中教育与本科教育对课程设置表示满意("非常满意"和"比较满意"的总数,下同)的分别有 214 人和 384 人,分别占该教育阶段调查样本数的 73.79%和 88.28%(如图 4-7 所示)。而中等职业教育和高等职业教育对课程设置表示满意的仅为67人和130人，分别占该教育阶段调查样本数的22.56%和29.48%。对课程设置方面的满意度表示"一般"的有466人，其中以中等职业教育和高等职业教育为主，总人数分别为143人和222人，分别占该教育阶段总样本数的48.15%和50.34%，两个教育阶段大约一半的人认为课程设置比较一般。对课程设置"非常不满意"的人数最少，总数仅为29人。通过对课程设置方面的整体分析可知，高中教育和本科教育满意度明显较高，中等职业教育和高等职业教育则一般。另外，中等职业教育和高等职业教育对课程设置表示"不满意"的分别有11人和10人，占比也相对较高。因此，在课程设置方面，职业教育因其本身的特殊性，在课程设置方面需要进一步完善，并体现出职业教育的特色。

表 4-1 学生和家长对课程设置的满意度

| 教育阶段 | 调查人数 | 非常满意 | 比较满意 | 一般 | 不满意 | 非常不满意 |
|---|---|---|---|---|---|---|
| 高中教育 | 290 | 113 | 101 | 67 | 5 | 4 |
| 中等职业教育 | 297 | 13 | 54 | 143 | 76 | 11 |
| 高等职业教育 | 441 | 47 | 83 | 222 | 79 | 10 |
| 本科教育 | 435 | 205 | 179 | 34 | 13 | 4 |
| 合计 | 1463 | 378 | 417 | 466 | 173 | 29 |

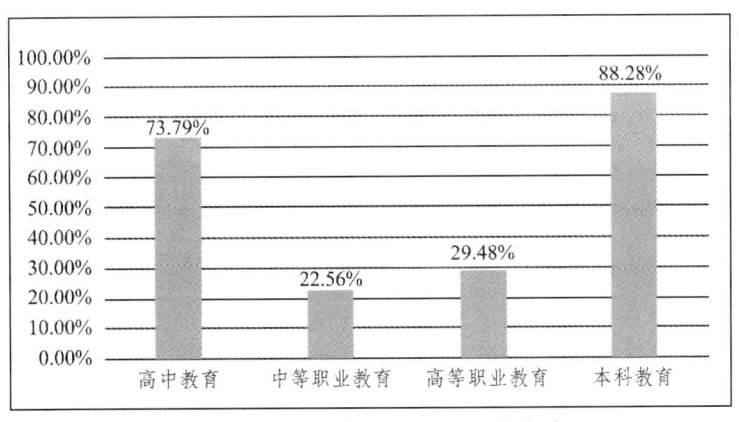

图 4-7 各教育阶段课程设置满意度

#### 4.2.1.2 高等职业教育师资力量方面存在的问题

对于"学生和家长对师资力量的满意度"这一问题,从总体上来看,所调查的几个教育阶段,选择"非常满意"和"比较满意"的人数相对比较多(如表 4-2 所示),总数达到 986 人,占总调查样本数的 67.40%,满意度相对较高。如果按不同阶段来细分,各教育阶段存在一定的差别,其中高中教育与中等职业教育对师资力量表示满意的,分别有 160 人和 114 人,分别占该教育阶段调查样本数的 55.17%和 38.38%(如图 4-8 所示);而高等职业教育和本科教育对师资力量方面表示满意的为 340 人和 372 人,分别占该教育阶段调查样本数的 77.10%和 85.52%。

表 4-2 学生和家长对师资力量的满意度

| 教育阶段 | 调查人数 | 非常满意 | 比较满意 | 一般 | 不满意 | 非常不满意 |
| --- | --- | --- | --- | --- | --- | --- |
| 高中教育 | 290 | 36 | 124 | 72 | 49 | 9 |
| 中等职业教育 | 297 | 58 | 56 | 140 | 33 | 10 |
| 高等职业教育 | 441 | 134 | 206 | 52 | 37 | 12 |
| 本科教育 | 435 | 242 | 130 | 34 | 18 | 11 |
| 合计 | 1 463 | 470 | 516 | 298 | 137 | 42 |

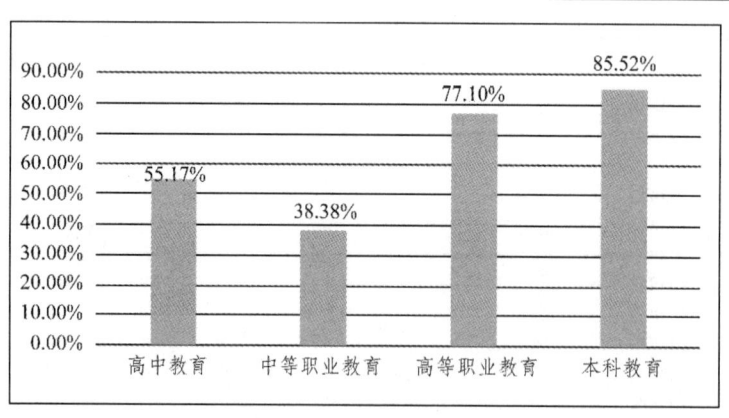

图 4-8 学生和家长对师资力量的满意度

对师资力量方面表示满意度"一般"的有 298 人,其中以中等职业教育为主，总人数为140人，占该教育阶段总样本数的47.17%，中等职业教育阶段大约一半人认为师资力量"比较一般"；对师资力量"非常不满意"的人数最少，总数仅为42人。对师资力量方面的整体分析可知，高等职业教育和本科教育满意度明显较高，中等职业教育和普通高中教育则一般。尤其是中等职业教育，在师资力量方面的满意度较低，主要表现为"一般"。因此，在师资力量建设方面，应在中等职业教育方面加大力度，培养一支品德高尚、学识渊博、德艺双馨的高技能教师队伍。

#### 4.2.1.3 职业教育教学水平方面存在的问题

在学校的教学水平方面，从总体上来看，所调查的几个教育阶段，除了"非常不满意"（总数为50人）比较少以外，其他选项都比较均衡。在教学水平方面的评价选择"非常满意"和"比较满意"的总人数是742人（如表4-3所示），占样本总数的50.72%；选择"一般"和"不满意"的人数分别为365人和306人，占总调查样本数的24.95%和20.92%（如图4-9所示），满意度相对较高，不满意度也较高。在教学水平方面的满意度方面，如果按不同教育阶段来细分，职业教育与普通教育存在的差距比较明显。其中，高中教育与中等职业教育对教学水平表示满意的分别有175人和78人，分别占该教育阶段调查样本数的60.34%和26.26%；而高等职业教育和本科教育对教学水平方面表示满意的，分别为110人和379人，分别占该教育阶段调查样本数的24.94%和87.13%。对学校教学水平方面的满意度表示"一般"的有365人，其中以中等职业教育和高等职业教育为主，人数分别为102人和167人，分别占该教育阶段总样本数的34.34%和37.87%；而普通高中和本科教育相应的人数分别为67人和29人，分别占该教育阶段总样本数的23.10%和6.67%。通过对"学生和家长对教学水平的满意度"的整体分析可知，职业教育与普通教育在教学水平方面的满意度存在很大的差距，其中高等职业教育与本科教育的满意度率相差62%左右，中等职业教育与普通高中教育的满意度率相差34%左右。因此，在学校教学水平方面，应找到教育改革的着力点，以点带面，提高教育教学水平。

表 4-3 学生和家长对教学水平的满意度

| 教育阶段 | 调查人数 | 非常满意 | 比较满意 | 一般 | 不满意 | 非常不满意 |
|---|---|---|---|---|---|---|
| 高中教育 | 290 | 42 | 133 | 67 | 38 | 10 |
| 中等职业教育 | 297 | 35 | 43 | 102 | 103 | 14 |
| 高等职业教育 | 441 | 26 | 84 | 167 | 150 | 14 |
| 本科教育 | 435 | 255 | 124 | 29 | 15 | 12 |
| 合计 | 1463 | 358 | 384 | 365 | 306 | 50 |

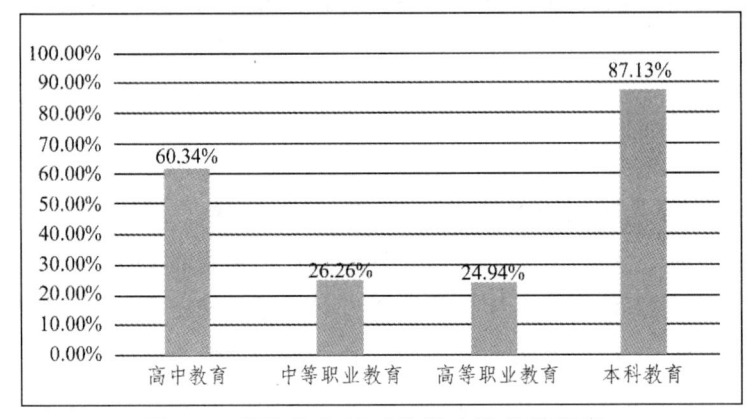

图 4-9 学生和家长对教学水平的满意度

#### 4.2.1.4 职业教育学校设施和环境方面存在的问题

在学校的设施和环境的满意度方面，所调查的几个教育阶段在总体上"满意度"都比较高，满意度总人数达到 1 115 人，占总调查样本数的 76.21%；学生和家长普通表现为"满意"，不满意人数占比较小（如表 4-4 所示）。在教学水平方面的满意度上，如果按不同教育阶段来细分，除了普通高中阶段"满意度"相对比较低以外，那么职业教育与普通教育方面几乎不存在明显的差距，其他选项都比较均衡。中等职业教育和高等职业教育在设施与环境方面的满意人数分别为 213 人和 352 人，分别占该教育阶段样本总数的 71.72% 和 79.82%，满意度较高，而本科教育相应的满意度达到了 90.57%（如图 4-10 所示）。通过对学校设施和环境方面的整体分析可知，职业教育这方面的满意度都很高，这主要与近几年浙江省对职业教育基础设施建设的投入较大有关。然而，硬件的改善无法掩盖软件方面存在的不足，职业教育改革在未来应更加深入。

表 4-4　学生和家长对设施和环境的满意度

| 教育阶段 | 调查人数 | 非常满意 | 比较满意 | 一般 | 不满意 | 非常不满意 |
|---|---|---|---|---|---|---|
| 高中教育 | 290 | 36 | 120 | 86 | 39 | 9 |
| 中等职业教育 | 297 | 55 | 158 | 60 | 14 | 10 |
| 高等职业教育 | 441 | 186 | 166 | 54 | 22 | 13 |
| 本科教育 | 435 | 326 | 68 | 25 | 10 | 6 |
| 合计 | 1 463 | 603 | 512 | 225 | 85 | 38 |

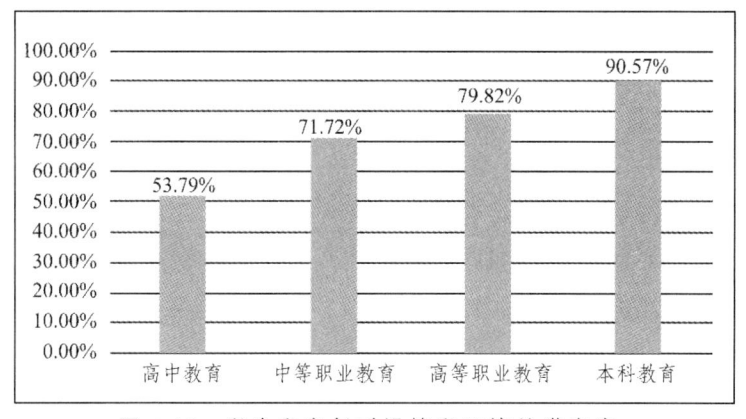

图 4-10　学生和家长对设施和环境的满意度

## 4.2.2　基于全国职业教育资源不足的分析

教育资源的稀缺性在经济欠发达地区表现尤为突出，特别是在高等职业教育方面，不合理的资源供给结构非常明显。例如，一些地区可能过度关注传统的、市场需求低的专业，忽视新兴产业和当地经济发展的实际需要。这种结构性失衡导致教育资源的浪费和毕业生就业困难。在资源有限的背景下，如何提高资源配置的效率成为关键。这种配置不仅包括物质资源（如教学设施和设备）的合理配置，还包括人力资源（如教师和管理人员）的合理分配。

#### 4.2.2.1 职业教育资源总量不足

随着我国经济社会的快速发展和人们对职业教育尤其是职业教育需求的持续增长,职业教育面临的资源紧张问题更加突出。产生这一问题的原因是多方面的。

第一,职业教育发展迅速。自 1999 年高等教育扩招以来,高等职业教育也得到空前发展,教育规模大幅度扩大。职业教育是高等教育的有效补充,已经成为我国高等教育体系的重要组成部分。随着在校生数量的急剧增加,职业教育资源供应严重不足,影响了其进一步发展。

第二,人口基数大导致需求压力加大。我国高等教育适龄青年的基数庞大,这给普通高等教育带来压力,也对职业教育提出了更高的要求。随着入学率的提高和教育普及化程度加深,职业教育的资源紧张状况愈发严重。

第三,资源不足。目前,职业教育院校的办学资源,包括师资力量、教学设施、资金投入等,都面临极大的压力。社会生产结构调整对职业技能人才提出了全新要求,这种资源紧张的状况将更加明显。在未来几年,扩充职业教育资源,满足日益增长的社会需求,已成为迫切需要解决的问题。

第四,中西部地区成为增长点。特别值得注意的是,中西部地区成为职业教育增长的主要力量。这一现象反映出中西部地区对于职业教育资源的需求强烈,也揭示了区域发展不平衡的问题。

从以上几点可知,职业教育资源不足的问题将存在较长一段时间,寻找有效途径来解决资源不足问题,包括增加政府投资、优化资源配置、促进校企合作等,将是未来职业教育发展的重要任务。

#### 4.2.2.2 职业院校办学资源紧张

自 1999 年高校扩招政策实施以来,职业教育规模快速膨胀,呈现出显著的增长趋势。在这二十多年间,全国高职在校生数量激增,适龄人口获得职业教育的机会增长了大约 7 倍。这一跨越式的数量上的发展态势为我国职业教育的扩张提供了有力的支撑。伴随着职业教育规模的急剧增长，高职院校的数量也在这一时期内显著增加。然而，与之相匹配的人力和物力投入并未同步增加。这种投入与需求之间的不平衡导致高职院校发展出现了偏差，生均教育资源严重不足，尤其在基础设施、教学设备、师资力量等方面的资源短缺问题变得愈加突出。由此可见，随着职业教育规模的日益扩大，高职院校在办学资源方面的紧张程度也日益凸显。办学资源的紧张会影响教育质量，进而影响学生的学习体验和就业竞争力。

#### 4.2.2.3 职业教育经费投入过少

近些年，国家和地方政府对职业教育日益重视，这在我国高等职业教育的财政投入上也有所体现。高等职业教育的经费投入虽然增长显著，但与高等职业教育近几年高速发展的步伐相比，总体投入仍显不足。根据欧美等发达国家的相关研究，高等职业教育在办学成本上要远远超过普通本科教育，大约是普通本科教育的 2.64 倍。因此，理应在高等教育经费的投入和分配上给予高等职业教育更多的倾斜。[①]然而，我国当前教育的实际情况是，高等职业教育办学经费投入并未与其重要程度相匹配，高等职业教育经费投入虽然得到国家重视并逐步提高，但仍然满足不了日常教育支出、实训设备更新等需求。此外，从生均教育经费支出的实际情况来看，普通本科院校和高职院校之间也存在显著差异，高职院校在生均教育经费上与本科院校相比存在较大的差距。综上所述，尽管高等职业教育在国家和地方政府的支持下经费投入有所增加，但这种增加在高等职业教育快速扩张的背景下显得不足，尤其在生均教育经费支出方面与本科教育存在明显差距。这种不成比例的投入状况对提高高等职业教育的质量和效率、满足社会对高等职业教育日益增长的需求是不利的，需要政府和相关部门进一步加大力度，缩小这种差距。

#### 4.2.2.4 职业院校师资不足

职业教育的迅猛发展，带动职业院校办学规模不断扩大，同时也

---

① 蔡忠华：《我国高职教育资源配置研究》，福建师范大学硕士论文，2013：44。

对职业教育师资队伍提出了更高的要求。目前，无论是生师比还是教师素养方面，职业院校均存在不足。师资力量的不足已经成为制约职业教育持续发展的一个重要因素。教师队伍的增长速度远远跟不上学生规模的扩大，导致班级规模过大，生师比急剧拉大。这种师资不足的问题还体现在师资队伍的结构上。在职业教育的师资队伍中，大部分教师都是从学校毕业走向教师岗位的，在技能实践和企业生产实践上经验不足，难以胜任以职业技能为主要培养目标的职业教育，职业教育师资队伍在专业素质方面仍有较大的提升空间。

#### 4.2.2.5 区域职业教育资源配置差异

职业教育资源的配置在各区域存在显著差异，主要体现在院校分布、学生数量和比例、教师资源、教学行政用房面积和教学仪器设备以及教育经费等多个方面。

第一，在高职院校的分布上，东部和南部经济发达地区如浙江、江苏、山东、广东等，优秀的高职院校相对中西部省份要多出不少；中部人口基数大的地区，如湖南、河南、安徽等，职业教育在数量上较多，在办学质量上却相对靠后，人均教育资源落后于东部发达地区；西部地区如西藏、宁夏等，尽管高职院校数量较少，但相对于人口规模，其院校人均学位数量在全国范围内处于较高水平。

第二，在高职学生数量和比例方面，高职教育总体规模与当地的人口总数和招生规模息息相关，这也是高等教育大众化发展的一个重要表现。经济发达地区的高职在校生数占比较高，而经济相对落后地区则较低。

第三，在教师资源方面，教师资源不足的现象较为普遍，甚至连浙江这样的经济大省也不例外。尽管教师资源分布较为均衡，但在高学历教师比例方面，东部地区明显高于中西部地区。

第四，在教学行政用房面积和教学仪器设备方面，差异也非常明显，部分地区未能达到国家规定的基本办学条件。

第五，在高职教育经费投入方面，东部经济发达地区的高职教育经费中，事业收入占比较大，而西部地区则主要依靠国家财政性教育经费。此外，在一些地区，高职生均教育经费和生均预算内教育经费也存在明显差异。

#### 4.2.2.6 三大区域高职教育资源配置问题

我国三大区域（东部、中部、西部）在高职教育资源配置方面存在一定的差异，这些差异在高职院校分布、学生数量、教师资源、基础设施以及经费投入等方面都有体现。例如，在生均教学仪器设备方面，东部地区最优，中部次之，西部最少。在经费投入方面，东部地区高职教育经费总投入占政府财政支出的比例最大，而中西部地区则较低。在三大区域高职教育经费中，国家财政性教育经费和事业收入经费的占比差异较小，但社会办学投入与捐赠经费的占比差异较大，东部最高，西部次之，中部最低。同时，东部地区的高职生均教育经费支出和生均预算内教育经费支出均远超中西部地区。综上所述，我国三大区域在高职教育资源配置上的差异体现在院校分布、学生数量、教师资源质量、基础设施以及经费投入等方面，尤其在教育经费投入上的差异最为显著。这些差异反映了不同地区在经济发展、人口结构和政府政策支持等方面的不均衡，这是各区域在优化高职教育资源配置时需要关注的重点。

## 4.3 职业教育院校定位问题

### 4.3.1 没有正确认识职业教育的作用

对职业教育的地位和作用缺乏正确认识是一个普遍存在的问题。这种认识上的偏差不仅体现在公众观念中，也影响了学生和家长的抉择。

第一，社会普遍存在的观念是将职业教育视为选拔考试落榜者的"收容所"或"安置队"。这种观念导致大众对职业教育的真正意义和价值产生误解，使其在社会地位上不被充分认可。事实上，职业教育是教育体系中的重要组成部分，旨在培养具备专业技能和实践能力的技术型人才。

第二，学生和家长对职业教育的了解不足，导致他们在选择该教育路径时持消极态度。很多学生报考高职院校时，常常抱着"被动""盲从"和"无奈"的心理，缺乏对职业教育价值的认识。即使考上高职院校，也有不少学生选择放弃，或者在校期间学习积极性不高，甚至持有"破罐破摔"的态度。

第三，过时的教育观念也影响了人们对职业教育的看法。在传统观念中，职前教育被认为是一次性、终结性的，一旦完成学业就能用一辈子，因而忽视了继续教育和职业技能更新。这种观念对职业教育的可持续发展产生了不良影响，使其难以适应快速变化的职业市场和技术进步的需求。

综上所述，改变公众对职业教育的错误认识，提高其社会地位和认可度，需要从提升职业教育的质量和实效性入手，同时加强社会宣传和舆论引导，正确引导公众理解职业教育的真正价值和意义。此外，更新教育理念，建立健全终身学习和技能更新机制，也是提升职业教育社会认可度的重要途径。

### 4.3.2 对职业教育的理解还存在争议

在对职业教育的理解和实施上，确实存在一定程度的争议和不明确性。这种争议主要集中在职业教育的定位、目标、内容和方法等方面。

第一，职业教育与普通教育是教育的两种基本类型。普通高等教育作为国家高等教育体系的骨干，主要培养具有科研和设计能力的高级科学专门人才，而高等职业教育则侧重培养适应生产建设、管理和服务第一线的高级职业技术专门人才。高等职业教育作为一种独立的教育类型，具有相应的教育层次，涵盖应用技术和职业技能的培养，同时也关注学生在设计和研究方面的基础能力。然而，在实际操作中，对高等职业教育的理解和实施存在分歧。有人认为高等职业教育应更多地倾向于高等教育的层次，即将其办成类似于普通高等专科教育的形式，强调其"高"层次的属性。这种倾向可能导致忽略高等职业教育在技能培养和实践应用方面的特色和重要性。也有观点过分强调高等职业教育与高等普通教育的区别，重视"职业"方向，因而忽视其文化、道德等普通文化课程的重要性。这种分歧的根源在于对高等职业教育定位不清晰，实施策略上出现偏差。一些职业院校在教育过程中可能过于偏重学术理论训练，忽略了职业技能的实际应用；有的职业院校则可能过分强调技能训练，忽视了学生综合素质的培养和理论知识的学习。

第二，社会对职业教育的认知也存在一定的偏差。许多人仍旧将职业教育视为普通教育的次等选择，没有意识到其在培养实用技术人才方面的独特价值和重要性。这种认识上的偏差影响了社会对职业教育毕业生的接纳和评价，限制了职业教育的发展。

### 4.3.3　专业设置缺乏特色

一些高职院校在专业设置上存在诸多问题，这些问题主要体现在三个方面。

第一，"跟风"或"一窝蜂"现象。一些高等职业院校忽视了自身所在地区的实际需求和特色，盲目追求"热门"专业。例如，一些位于内陆以农业为主的地区的高职院校，大量开设英语和计算机专业，忽略了本地区对农业技术人才的迫切需求。这种做法导致培养出的毕业生在当地人才市场上缺乏竞争力，无法满足用人单位的实际需求。

第二，理论和操作实践课程落后。有些高职院校的理论专业课程内容陈旧，未能及时更新，不能反映现代最新的研究成果。特别是在操作实践课程方面，由于经费短缺等，一些院校仍在使用过时的生产仪器和设备。这种情况使得学生无法掌握现代企业生产的最新技术和工艺，难以适应现代企业的生产要求。

第三，理论课与专业课设置的比例不合理。许多高职院校偏重书本知识和理论知识，忽视了操作能力的培养。虽然有理论提出职业教育应该强调实践教学与理论教学并重，构建相对独立的两个体系，但在实际办学过程中，由于缺乏足够的实训设备、场地、材料以及"双师型"教师,这一目标难以实现。这种不平衡的课程设置导致毕业生在实际工作中难以满足企事业单位的需求。

产生这些问题的根本原因在于一些高职院校在专业设置和教育实施过程中缺乏针对性和前瞻性。

### 4.3.4 缺乏特色的职业教育办学模式

职业教育面临的主要问题之一是尚未探索出具有特色的职业教育办学模式。我国职业教育起步较晚,经验不足,加之国情特殊,无法简单模仿或全盘采用外国的经验。

第一,理论指导方面的缺失是我国职业教育发展遇到的第一个问题。目前,尽管教育行政管理部门和职业院校的专家、学者都在致力理论研究,但还未能形成一个系统、成熟且具有普遍指导意义的理论体系。这种理论上的不成熟和不完善导致职业教育在实践中缺乏明确的方向和科学的指导。

第二,没有充分考虑本地的实际。在实际运作中,很多职业院校未能结合本地区、本校的实际情况采用适合自身特点的办学模式。一些职业院校在管理上仍沿用普通教育体制,没有充分考虑到职业教育的特殊性和实践性。这种情况在一定程度上制约了职业教育的特色发展和创新。

第三,我国的职业教育往往被视为是本科教育的"压缩版",这种观念使得一些高等职业院校在办学时过分强调"高"层次,忽视了职业教育的应用性和实践性。与此相反,一些由中专学校升格改制而来的高职院校则过分强调"职"的方向,忽视了高等教育的深度和广度,也未能准确把握高等职业教育的目标和特色。这种两极化的办学思想和模式,既未能充分发挥职业教育在培养应用型人才方面的优势,也未能有效适应社会和经济发展的实际需求。

### 4.3.5 办学体制僵化

职业教育在办学体制上的僵化问题是多方面的,这些问题源于长期以来的计划经济体制背景和市场经济转型过程中的挑战。

第一，计划经济时代的遗留影响导致职业教育的办学模式长期依赖政府和行业部门的指导和支持。这种依赖使得职业院校缺乏自主权和创新能力，办学理念和目标往往受上级部门的影响，缺乏特色和针对性。随着市场经济的发展，原有的依赖政府和行业部门的办学体制已经难以适应新的社会经济环境，需要进行根本性的改革和调整。

第二，市场经济对职业教育提出了新的要求，即培养能够适应市场需求、经得起市场检验的高素质技能人才。然而，许多职业院校的教学目标和课程设置仍停留在过去，无法满足现代市场的需求。这些学校在培养模式上依然以传统的普通教育为蓝本，过分强调文化知识的学习，忽视了职业技能的培养和实践能力的提升。

第三，职业教育在教学内容和方法上陈旧落后，很多学校的教学设备和教材明显过时，无法满足现代职业技能培训的需求。同时，这些学校缺乏与企业和行业的紧密合作，无法及时了解市场的最新需求变化，导致教学内容与市场需求脱节。

### 4.4 职业教育教学体制问题

#### 4.4.1 职业教育与社会、社区和行业之间缺乏沟通

随着我国经济的发展，职业教育也逐步走向正轨，教育体系逐步完善，社会适应性逐步提高。但世界发展瞬息万变，经济社会各种问题层出不穷，职业教育在适应社会发展的过程中也遇到了各种挑战，归根到底主要有以下几种情况。

第一，专业结构与市场需求存在一定的结构性失调。职业教育发展具有一定的滞后性，专业人才培养完成可能需要好几年。在这个过程中，社会就业形势会发生变化，市场需求也会发生变化，职业教育培养的高技能人才无法适应社会需求。

第二，人才结构不合理。职业教育培养的人才层次与市场需求的人才层次存在不能有效匹配的问题，往往社会岗位需求结构发生变化，职业教育培养的人才结构没有变，从而不能有效为市场需求服务。

第三，教学内容较为陈旧，实训设备落后于技术市场。职业院校教学内容不能及时跟随市场调整，这是职业教育本身的问题，是产教融合存在的不足。然而，实训设备、设施的更新却跟政府经费投入息息相关。

第四，服务"三农"和西部大开发不足。职业教育未能在服务"三农"和西部大开发方面充分发挥作用。许多职业技术人才倾向于流向沿海发达城市，导致西部地区和农业领域职业技术人才短缺。

以上种种问题的根源在于职业教育与社会、社区和行业之间沟通和协调不足，教育内容与市场需求脱节，专业设置与社会经济发展不同步，以及人才培养方向与行业需求不一致。

### 4.4.2 多部门管理混乱

在教育管理体制方面，职业教育面临"多头管理"的问题。这一问题根植于计划经济时代的遗留体制，随着经济和教育改革的深入，这种体制越发显现出局限性，并阻碍了职业教育的发展。

第一，职业教育的管理体制复杂，涉及多个政府部门。例如，中专和职业高中归教育部门管辖，技校则由劳动和社会保障部门管理，行业办学则由各个行业的主管部门负责。这样的分割导致在行政和业务上出现多重管理，增强了管理的复杂性。

第二，管理职责的不明确造成多头管理。在实际运作中，管理职责的不清晰导致权责不明确，甚至无人负责的局面。在有利条件下，多个部门可能都想参与管理，而在遇到困难时，却无人愿意承担责任。这种现象不利于学校的发展和资源的合理利用。

第三，政府缺乏一个能够统筹职业教育的公共管理部门，以致政府在职业教育管理上力不从心，无法有效协调和利用现有的教育资源，进而影响办学效益。在教育系统内部，各部门之间的条块分割同样严重，招生管理就是一个明显的例子。普通高中、职业高中、普通中专和民办中等职业学校的招生分别由不同的部门负责，招生过程混乱低效。虽然教育部提出了淡化中专、职高、技校概念的主张，但由于管理部门之间的利益未能平衡，这一主张难以得到有效落实。单靠教育部门来统筹高职教育是不现实的，需要跨部门合作和协调。

综上所述，职业教育的多头管理问题反映了我国教育体制改革的紧迫性。

### 4.4.3 管理职能出现交叉

职业教育面临的一个重要问题是管理职能严重交叉。这种情况不仅导致管理上的混乱，还影响教育质量和效率的提升。

第一，多部门管理增强了工作的复杂性。中等职业学校的管理涉及教育部门、劳动和社会保障部门等多个部门。教育部门负责学校的日常管理和教学指导，而劳动和社会保障部门则负责职业资格证书和就业准入证书的发放。这种跨部门的管理模式使得学校在行政和业务上受到多方面的影响，增强了管理的复杂性和运行的不确定性。

第二，招生和培养方式混乱。中专、职高和技校虽然生源层次相同，培养层次也相同，但由于历史上的定位不同（中专毕业生属干部管理，职高和技校毕业生属工人管理），这三种类型学校在管理上存在差异。随着市场对人才需求的变化，这种管理已不再适应现代社会发展的需要。

第三，人才培养定位模糊。市场经济的发展要求高职教育培养能够适应市场需求的高素质劳动者，然而由于历史的因素和管理体制的不统一等，这些学校在人才培养定位上模糊，难以准确对接市场需求。

第四，管理职能需求不明确。目前，高职教育的管理职能并没有明确，管理体系过于复杂，各个部门之间职能交叉和重叠，各类学校的培养目标和方向模糊。

### 4.4.4 统筹乏力

职业教育面临的"统筹乏力"问题是其发展的重要阻碍。这一问题的核心在于办学资源的整合不到位，利用效率低下。

第一，规模和条件限制。中等职业学校普遍存在规模不大、办学条件较差的问题。这些学校往往缺乏必要的教学设施和资金支持，导致教育质量无法得到保障，进而影响学校的社会认可度和毕业生的就业竞争力。

第二，效益和适应能力问题。由于上述限制，中等职业学校的办学效益普遍不高，毕业生的社会适应能力也不强。这不仅影响了学生的个人发展，也限制了职业教育在社会经济发展中的作用。

第三，资源整合困难。改变现状的关键在于有效统筹和整合高职教育的资源。然而，由于教育体系内部条块分割、各部门间利益冲突难以调和，资源整合面临极大的挑战。这种分割导致资源难以充分利用，无法形成整体优势。

第四，管理体制的局限性。高职教育的管理体制存在局限性，导致各学校之间信息共享不足，协同合作困难。缺乏有效的机制来整合各学校的资源，以致整体办学效率和质量都难以提升。

## 4.5 职业教育与市场的供需关系问题

### 4.5.1 培养模式不能适应市场变化

职业教育在快速发展的同时，面临着培养模式不能适应市场变化的问题。

第一，长期以来，传统教育重视理论知识教授而轻视技能和能力培养。在计划经济体制下，职业教育习惯按照主管部门制定的专业设置和招生计划进行教学，这种模式在市场经济条件下显得不够灵活，也无法适应新的社会发展形势。

第二，课程设置与市场需求脱节。职业教育的课程设置往往不能根据社会需求进行及时调整，导致专业课程与市场需求不相符。

第三，学校课程的延续性较强，教师的专业固定，使得师资结构难以根据市场需求进行及时调整。

第四，许多职业教育机构的教学模式仍然沿用传统的普通教育模式，过度强调理论教学而忽视实际操作能力的培养。学生虽然理论知识扎实，但在动手能力和实际操作方面存在明显不足。

第五，一些新兴专业的快速启动和专业论证不足，导致基础课程和专业课程之间脱节，未能形成相互支持的教学体系。特别是一些以现代技术为基础的应用专业，缺乏准确的专业定位，导致毕业生就业方向模糊。

第六，由于专业方向模糊，教学过程中缺乏明确的主线，整体上处于消极与被动的局面。这直接关系到培养目标的确定，需要在设计培养目标时考虑职业教育的实际情况和特点，避免"小而全"和"模块拼凑"的情况。以电子商务专业为例，电子商务专业的快速发展和普及反映了市场需求的变化，但在具体的教学实施过程中，常常忽视了信息技术的重要性，导致毕业生的实际能力与市场需求不匹配。专业方向设计缺乏针对性和实用性，致使毕业生在就业市场上难以找到合适的岗位。

### 4.5.2 教学内容与市场需求出现偏差

职业教育在适应市场需求方面面临重大挑战，尤其是在教学内容与市场需求的对接方面出现了偏差。

第一，一些职业院校在专业建设上采取的措施过于简单和片面，没有形成独特的职业教育特色，专业教学质量受到影响，未能有效满足市场的多样化需求。在市场对某个职业岗位有较高需求时，一部分职业院校会纷纷开设相关专业，许多职业院校未能有效预测并调整专业结构。这导致新兴产业和职业的需求未得到及时有效响应，部分职业院校对传统专业的改造和更新也未能跟上现代技术的发展，以致两三年后该专业人才供过于求，毕业生难以就业。这种现象反映了职业教育机构在专业设置上缺乏前瞻性和准确性。

第二，许多职业院校的教学设备陈旧、数量不足，实训实习基地数量不足，实训设备技术落后，难以满足职业教育学生实习实训的基本需求。

第三，有的职业院校在理论课程与实践课程的设置上存在比例失调的现象，实践课程比例偏低。这种失调影响了对学生实际操作能力的有效培养，导致毕业生难以满足企业的实际需求。

第四，教学方式在一定程度上存在单调化倾向，缺乏多样化和创新性。这导致学生在技能、知识和创新能力上存在不足，难以适应企业多元化的需求。

### 4.5.3 就业导向不突出

职业教育在适应劳动力市场需求方面面临多重挑战，尤其在办学模式、课程设置、教学内容和方法等多个方面存在不适应性。当前许多职业院校仍然坚持传统的教育模式，这种模式与劳动力市场的快速变化需求不相符。教学不能适应生源质量的变化，导致教学内容不能实际转化为学生的知识技能，最终严重影响学生的就业。职业教育不能过度依赖理论教学、学术研究，而忽略对学生实际职业技能和就业能力的培养。职业教育的课程设置往往存在未能及时适应劳动力市场变化的现象，从而导致课程内容、行业技术进步与市场需求存在差异。职业教育的教学方法常常过于理论化，缺乏与实际工作环境相结合，这种方式难以培养学生的实际操作技能和解决问题的能力。随着科技进步和产业升级，新的职业技能和知识不断出现，但职业教育中的教学内容更新往往滞后，使得教育内容与实际工作环境的需求存在差异。在教学中，拥有实际行业经验的教师比例不足，教学内容缺乏实际工作环境的真实感和实用性。在课程和教学计划的设计上，职业教育往往缺乏明确的就业导向，导致教育内容与劳动市场需求不相符，增加学生毕业后的就业难度。

# 5

# 职业教育助力共同富裕的行动路向

## 5.1 受教育者的期望

职业教育要发挥阻断贫困代际传递的作用，助力实现共同富裕目标，需要当地政府继续加大教育扶智工程建设，完善职业教育体系建设。我国的脱贫攻坚战已取得全面胜利，但中低收入者一般文化水平不高，家庭文化和教育氛围不浓厚，通过家庭自身努力防止返贫的能力也相对有限。我们在前期初步调研过程中也获知，低收入家庭有改变现状的强烈愿望，但更多地寄希望于国家教育相关政策的扶持和学校教育体制的完善。针对这一情况，我们在问卷调查设计的时候也做了相关考虑，如设计了问题"政府相关的教育扶持工作在哪些方面需要进一步完善"（此题为多选题），其中"加大教育资金投入""增加困难学生的资助额度和数量"和"保证教育公平"的期望度排名占前三位（如表 5-1 所示），分别有 1 115 人、909 人和 998 人，占比分别为 76.21%、62.13%和 68.22%。按各选项分析（如图 5-1 所示），可以看出在"加大教育资金投入"方面，中等职业教育和高等职业教育的意愿较强烈，分别占 90.57%和 87.07%；高中教育和本科教育的意愿相对弱一点，分别为 78.62%和 53.79%。职业教育相对于普通教育，需要更加完善的基础设施和实训条件，对教育资金的需求更大，而目前这方面又存在较大欠缺，家长和学生这方面的意愿也相应很大。

表 5-1  当地的教育扶持工作需要完善的期望

| 教育阶段 | 调查人数 | 加大教育资金投入 | 增加困难学生的资助额度和数量 | 改善基础设施 | 加强师资培训 | 保证教育公平 |
|---|---|---|---|---|---|---|
| 高中教育 | 290 | 228 | 213 | 208 | 196 | 190 |
| 中等职业教育 | 297 | 269 | 177 | 253 | 239 | 225 |
| 高等职业教育 | 441 | 384 | 245 | 88 | 134 | 358 |
| 本科教育 | 435 | 234 | 274 | 82 | 122 | 225 |
| 合计 | 1 463 | 1 115 | 909 | 631 | 691 | 998 |

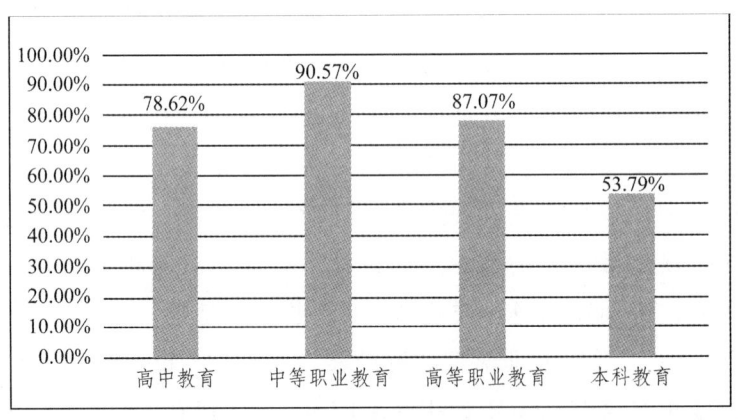

图 5-1  加大教育资金投入的意愿

从"增加困难学生的资助额度和数量"的角度分析（如图 5-2 所示），职业教育层面对困难学生的资助和数量意愿一般，虽然我国在职业教育资助上有一定的投入，但被调查对象期望中等职业教育增加低收入家庭子女资助的也有 59.60%，高等职业教育则是 55.56%，两者所占的比例都不小。职业教育作为高产出的教育类型，政府部门应加大支持力度。对职业教育的直接扶持和资助，将进一步减少低收入人口家庭数量，促进职业教育高质量发展。

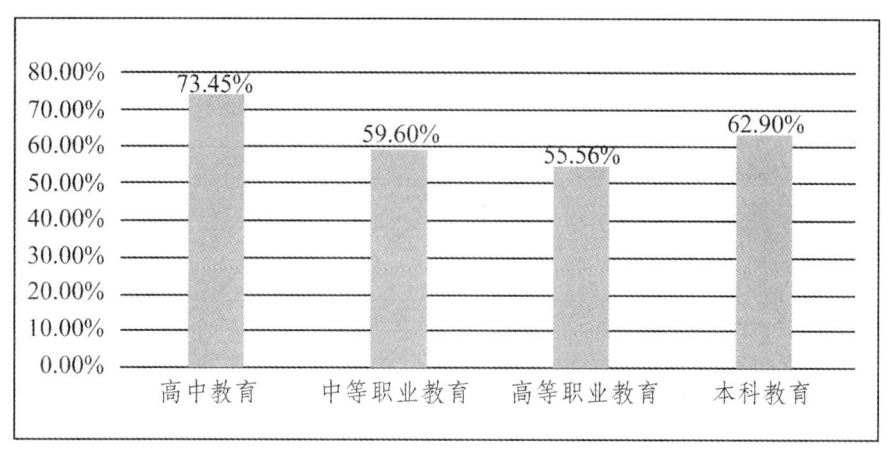

图 5-2　增加困难学生的资助额度和数量的意愿

从"改善基础设施的意愿"的角度分析（如图 5-3 所示），中等教育在提高基础设施方面的意愿相对高等教育要强烈，而中等职业教育对基础设施提高的意愿则比普通高中教育的意愿还要强烈。中等教育主要由当地的县市投资建设，在资金上投入相对有限，尤其是被调查对象所在的县市在浙江省处于经济相对落后的位置，在教育基础设施的建设上存在明显的不足，这也是被调查对象在这方面意愿强烈的主要原因之一。而高等教育的基础设施建设主要依托省市一级财政，资金相对较为宽裕，很多校区也在 1999 年高校扩招后新建，加上近几年浙江省也非常重视学校基础设施的完善，在一定程度上契合了广大受教育者家庭的意愿。从职业教育与普通教育的比较来看，职业教育基础设施的提高意愿相对较为强烈。职业教育的基础设施不仅体现在校舍、宿舍、办公楼等建筑上，还涉及实训室的建设，尤其是一些学校实训设施落后，在很大程度上阻碍了学生实践技能的发展，这会影响学生综合素质的提升，也将对学生未来职业发展产生很多不利影响。因此，政府在完善中等职业教育基础设施建设的过程中，尤其应注重实训实习场所等设施的建设和完善，让学生享受更好的职业教育，在学校获得适应社会发展的职业技能，从而防止家庭返贫，助力实现全社会共同富裕的目标。

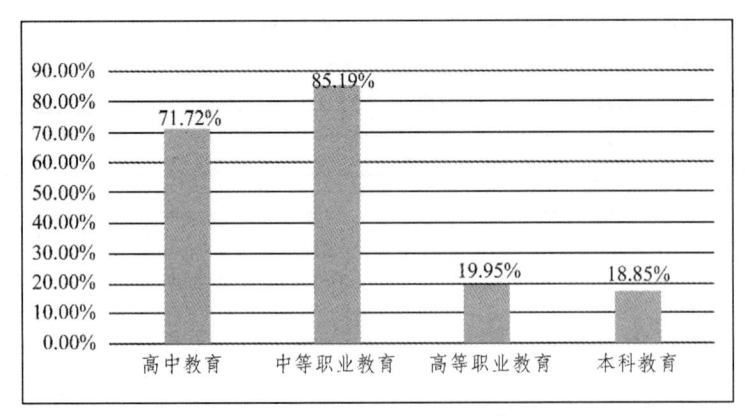

图 5-3　改善基础设施的意愿

从"加强师资培训的意愿"的角度分析（如图 5-4 所示），被调查对象更期望中等教育在师资培训方面加大力度，高中教育与中等职业教育这方面的比例分别是 67.59% 和 80.47%，而高等职业教育和本科教育方面的意愿则分别为 30.39% 和 28.05%，中等教育与高等教育存在明显的差距。中等职业教育的表现则相对更为突出，远高于其他类型的教育。师资队伍建设是学校发展和教育任务实施的关键，教师是学生人生的引路人，是知识与技能传授的主体。职业教育师资队伍承担的任务不仅包括理论知识的传授，还要引领学生发展职业技能。因此，"德艺双馨"成为职业教育教师的职业标准。我国职业院校招聘的教师基本上以大中专院校毕业生为主，教师基本是从学校到学校，他们具备较强的理论知识，但在职业技能上存在不足，职业技能掌握不牢，自然不能培养高技能人才。职业院校师资建设应更加注重并加强职业技能培训，鼓励专业教师到企业一线岗位历练，加强技能训练；在新教师引进上明确方向，多从企业一线引进高技能职业教育人才，在人才标准上注重"德艺双馨"标准。

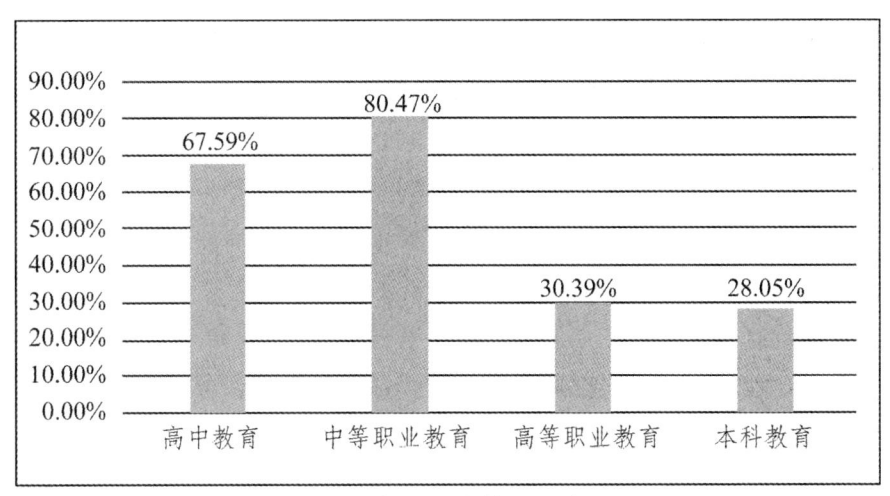

图 5-4　加强师资培训的意愿

从"保证教育公平的意愿"的角度分析（如图 5-5 所示），职业教育相对普通教育有更多的诉求，中等职业教育对保证教育公平的意愿达到了 75.76%，高等职业教育对保证教育公平的意愿达到了 81.18%，两者所占比例都相当高。可见，职业教育在教育公平方面存在一定的不足。由于我国教育体制的局限，职业院校学生大部分是成绩相对落后的学生，学生毕业后基本从事生产、管理、服务等一线工作，无论是工资收入还是社会地位都处于相对较低层次。鉴于此，政府部门应努力

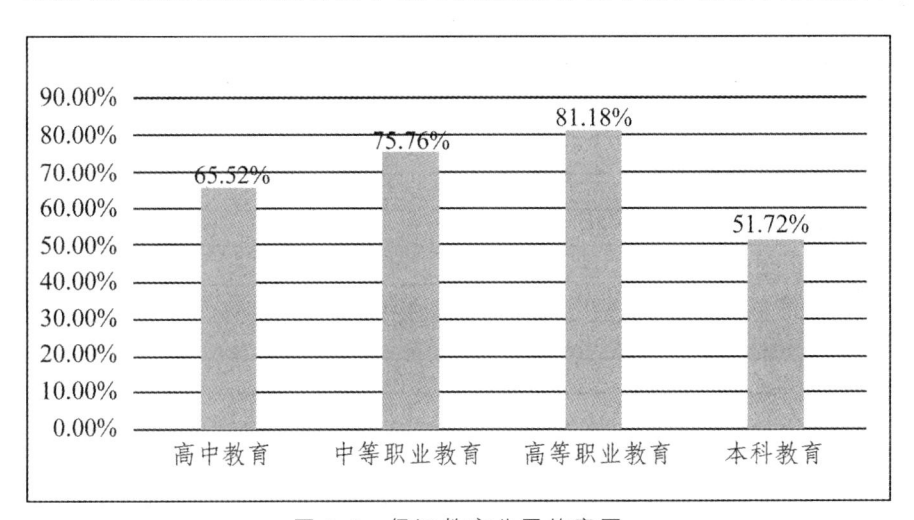

图 5-5　保证教育公平的意愿

改变社会职业分工欠合理的现状，提高生产、管理和服务一线高技能人才的工资待遇和社会地位，打通职业院校学生的职业发展渠道，保障其作为劳动者的合法权益，这也是实现共同富裕目标对人才的应然要求。

学校教育教学管理水平决定了学生在学校获取知识与技能的丰富程度，也代表一个学校或者地区的办学水平。本次问卷调查主要依据教育教学水平的影响因素，在学校教育教学管理水平方面设计了五个选项（如表5-2所示），分别是"提升教学水平""整顿学风""引进优秀教师""改革教学模式""健全学校管理制度"五个方面，并以多项选择题的形式呈现。本次问卷调查显示（如图5-6所示），被调查对象期望职业教育的教学水平提升的意愿比较强烈，如中等职业教育的比例达到了70.71%，高等职业教育的比例达到了74.38%。与普通教育相比，职业教育受教育者家庭对学校教学水平的提升有迫切的需求。

表5-2 学校教育教学管理水平需要完善的策略

| 教育阶段 | 调查人数 | 提升教学水平 | 整顿学风 | 引进优秀教师 | 改革教学模式 | 健全学校管理制度 |
| --- | --- | --- | --- | --- | --- | --- |
| 高中教育 | 290 | 175 | 155 | 207 | 211 | 231 |
| 中等职业教育 | 297 | 210 | 265 | 232 | 220 | 263 |
| 高等职业教育 | 441 | 328 | 321 | 303 | 315 | 241 |
| 本科教育 | 435 | 248 | 266 | 210 | 281 | 215 |
| 合计 | 1 463 | 961 | 1 007 | 952 | 1 027 | 950 |

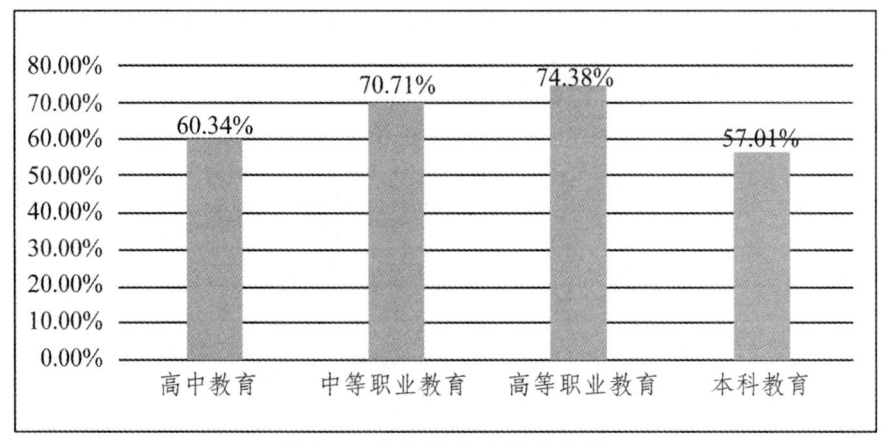

图5-6 提升教学水平的意愿

高中教育 60.34%
中等职业教育 70.71%
高等职业教育 74.38%
本科教育 57.01%

在关于"整顿学风的意愿"问题上（如图 5-7 所示），中等职业教育比较突出，被调查对象家庭的意愿达到了 89.23%；其次是高等职业教育，比例也达到了 72.79% 的较高水平。对职业教育来说，这应该是一个非常严重的问题。当前，很多家长排斥职业教育，尤其是中等职业教育，主要是因为职业教育学校的学习风气不太浓，认为子女读书可能会染上很多社会不良习惯，难以潜心学习专业知识技能。

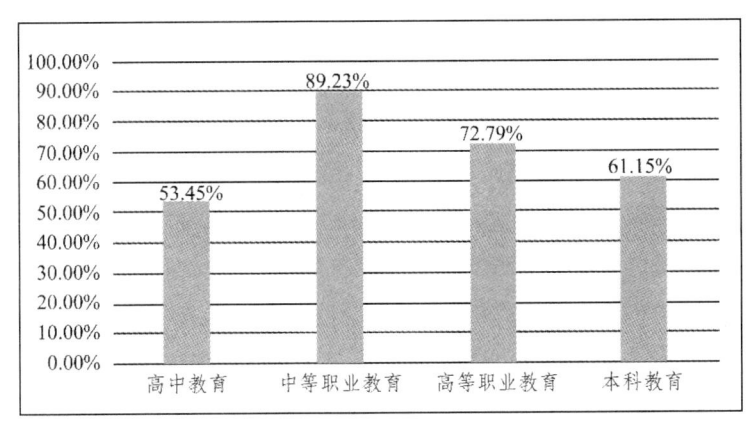

图 5-7　整顿学风的意愿

调查结果显示，被调查对象对职业教育教学模式改革的意愿也较普通教育强烈（如图 5-8 所示）。比较突出的还是中等职业教育，比例达到了 74.07%。高等职业教育在这方面的比例也达到了 71.43%。职业教育教学模式改革一直以来都是职业院校的热门话题，职业院校一方面传授理论知识；另一方面要培养高超的职业技能，在理论教学与实践教学

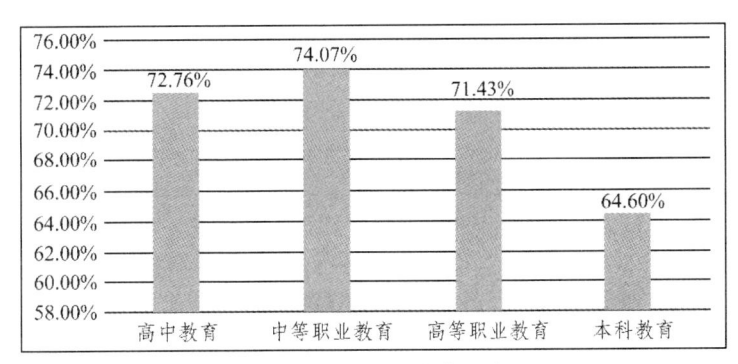

图 5-8　改革教学模式的意愿

之间需要找到平衡,在理论知识传授和职业技能训练之间需要切换教学模式。只有找到一种合适的教学模式,才能有效传授知识和技能。

另外,学校管理制度也是很多家长和学生关心的问题,职业教育相对普通教育有更齐备的管理制度,包括职业教育特有的实训制度、产教融合制度等。学校制度是教育教学实施的保障,优秀的教育制度能产出优质的教育成果。往往优秀的学校,其教育制度也相当完善。在关于被调查对象的统计数据中,中等职业教育在健全学校管理制度方面的意愿较高,达到了 88.55%;其次是高中教育,达到了 79.66%;高等职业教育这方面的比例也不低,达到了 54.65%(如图 5-9 所示)。各教育行政部门在制定各类职业教育制度时,应认真研究实际情况,充分调研、反复论证,遵循"以人为本""以教育为本"的理念,从长远的角度规范教育发展,规范学校发展,实现学生的可持续发展。而学校在上级部门的制度框架下,应结合学校、学生和教育的实际情况,制定学校教育教学实施的细则和制度,从根本上落实国家职业教育的方针和政策,保障学生的基本权利,为职业教育助力共同富裕添砖加瓦。

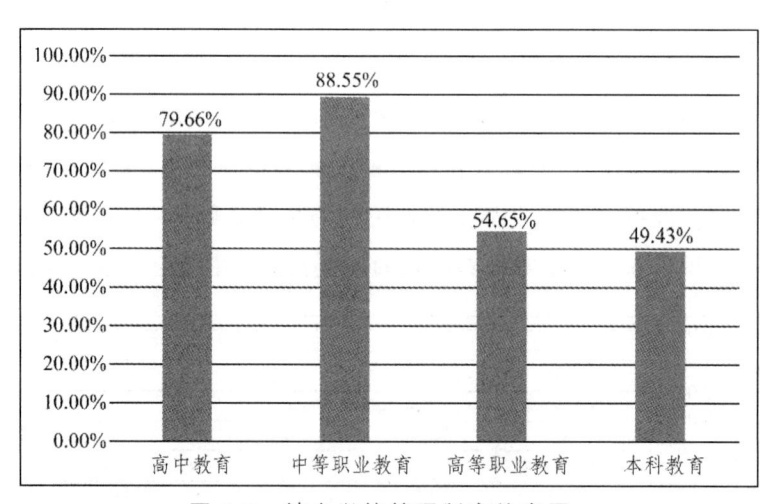

图 5-9 健全学校管理制度的意愿

## 5.2 世界职业教育改革发展概况与启示

职业教育不仅是人类社会和人类文明发展的产物,也是人类自我发展的产物。职业教育的发展历史，给现代职业教育提供了很多宝贵的经验，是现代职业教育进一步改革和发展的重要参考依据。

### 5.2.1 职业教育的产生和发展

职业教育的产生和发展过程，可以说是职业教育发展规律的演绎过程，体现了职业教育的本质属性。

#### 5.2.1.1 职业教育的萌芽

学徒制是古代社会职业教育的主要形式，道士、僧侣、祭司、医生、工匠和商人等专业人员通过学徒制在寺院、道观、商店、建筑工地和其他地方接受培训。古埃及的《汉谟拉比法典》规定工匠可以收养儿子来传授技能。柏拉图的《理想国》等经典著作中也有关于学徒的记录。当时，工匠主要是奴隶，他们在作坊中的职业和身份是世袭的。古罗马的学徒制开始曾受到贸易组织的干预，但相对而言其职业教育更加系统和广泛。如有的专业甚至出现一些特殊的教育辅助设施。中世纪的演说家、律师、医生和其他高级专业人员也通过学徒制接受培训。除了学徒制，公立学校还承担部分职业教育职能，如古罗马时期的特殊学校教育，但其教育内容主要是通识教育。一些学校虽然在教育内容上体现了职业教育的特色，但在学生数量和教育内容上，只是通识教育的补充。中国古代官学虽然也包含职业教育的内容，但只是通识教育的附属物。因此，古代社会的职业教育体系远未形成，只是一种分散的、非正式的、个性化的职业教育形式。

#### 5.2.1.2 高等职业教育的出现

——国外大学职业教育的兴起

从工业革命开始到19世纪末，是职业教育的兴起阶段。西方经过工业革命后，社会生产力取得了前所未有的发展，技术工人缺口极大，职业教育顺势得到振兴与发展。18世纪开始出现的大规模机器生产取代了以前的手工生产，给生活条件和生产组织结构带来了根本性的变化。机器的应用对工人的素质提出了新的要求。工人需要具备物理、化学和数学方面的一般文化和科学知识，了解机器的工作原理，并具备应对生产的能力。此外，大规模的工业生产需要补充大量能够进行技术管理、监管的专业人员。在这种情况下，仅靠学徒制的培养模式，无论是在规模、速度还是在内容上，后备劳动力和技术人员的补充都不能满足社会发展的需要。①

18世纪以后，各国开始尝试开展学校形式的职业教育。早在16~17世纪的英国，职业教育的理念就开始酝酿。托马斯·摩尔（Thomas More）的《乌托邦》（Utopia）和弗朗西斯·拉伯雷（Francois Rabelais）的《巨人传》（Gargantua and Pantagruel）等作品都谈到职业教育，并将其视为理想社会的重要组成部分，但这只是技术教育的理想构建阶段，尚未得到实施。17世纪末，德国教育家奥古斯特·赫尔曼·弗兰克（August Hermann Francke，1663—1727年），是虔信派教育运动的代表人物，创立了哈勒教育体系，强调实践教育与宗教结合。1786年，为了解决牺牲、残疾和退伍军人子女的教育和就业问题，法国在里昂库尔岛建立了一所小学和一所技术教育学校。1800年，格拉斯哥大学安德森学院自然哲学教授乔治·伯克贝克（George Birkbeck）创建了英国第一个研讨会，主要针对技术人员。后来，它逐渐发展成为格拉斯哥的机器车间。随后，美国也发起了建立机器车间运动，但规模小于英国。

此外，英国通过"工厂学校"开展内部员工培训。这种"工厂学校"在19世纪中叶后逐渐变得普遍。在美国，19世纪上半叶和中叶，人们清楚地认识到员工培训的重要性，因此大多数工厂和企业都积极开展企业培训。在此期间，无论是大学形式的职业教育还是职业培训活动，基本上都是由个人或私立机构组织的，国家很少参与。因此，学校形式的职业教育仍处于起步阶段。

---

① 童念慈：《高职教育人才培养与现代企业人才需求的衔接》，《中外企业家》，2014（35）：159。

——我国职业教育的兴起

龚自珍、林则徐、魏源等率先倡导"实践教育",以改革空洞无用的科学教育。这些主张虽然没有引起当时统治者的重视,但产生了积极的社会影响。19世纪中叶,随着洋务运动的兴起,职业教育被引入我国。

此后,我国职业教育进入了一个新的发展阶段。太平天国不仅重视以政治和宗教为中心的教育,而且重视生产和劳动教育,提倡科技教育。从19世纪60年代到90年代,洋务派创办了30多所学校,主要包括外语(方言)学校、军事(军事)学校和科技工业学校。鸦片战争后,一些具有封建买办性质的洋务官僚,如奕訢、曾国藩、李鸿章、张之洞等,为了适应国防和外交的需要,发动了"洋务运动",推行了"新政改革",倡导"向外国学习,学习技巧",以求自强不息。张之洞等人提出了"中学为本,西学为用"的方针,提倡学习西方教育,创办技校,并派留学生留学。这些形式的教育致力于培养技术人才,成为中国现代学校职业教育的开端,也是教育与工业生产融合的开端。

1866年6月,左宗棠创办福建船政学校,为国防培养造船和驾驶技术人员。福建船政学校是中国最早的技术教育院校,也是中国最早的职业学校。甲午战争后,以康有为、梁启超为代表的维新派在光绪皇帝的支持下发起了维新运动。他们不仅主张发展工业,而且还提出政治改革和教育改革,大力倡导振兴学校。康有为倡导新政,废除科举,强化新学校,广泛创办学校。1898年,康有为建立了省级农业学校,光绪皇帝因此下令在全国范围内建立农业学校,并敦促绅士进一步促进农业发展。虽然这一举措因政变而受挫,但它为倡导建立地方农业学校开创了先例,也为后来创办工业学校创造了条件。

#### 5.2.1.3 职业教育的发展

——国外职业教育的发展

根据社会经济、科学技术的发展水平和海外职业教育的成熟程度,大致可以将海外职业教育的发展分为成长阶段和新的发展阶段。

职业教育助力共同富裕的内在逻辑与行动路向
——基于浙江省山区6县市的调研

第一个阶段：19世纪中叶至第二次世界大战前，为国外职业教育的成长阶段。

19世纪中叶至20世纪中叶，国外职业教育的规模、体制和管理体制日趋成熟，表现出以下特点。

一是国家高度重视。自19世纪中叶以来，随着工业革命在各国的广泛发展，技术在经济和军事竞争中的作用逐渐发挥出来。各国政府开始重视技术教育，并将其视为国家大事。其主要原因有以下四点：第一是技术革命。职业教育直接决定了经济发展水平，进而助推技术进步。第二是国际战争。技术对战争的成败起到越来越重要的作用。因此，加强职业教育成为各国谋求军事胜利的重要手段和措施。第三是国际博览会。这是各国展示国力的大舞台，国力的强弱直接取决于职业教育的实力，也是保持技术领先或实现追赶的重要方面。第四是工人的觉醒。劳动者的自我发展要求国家发展职业教育，为其提供受教育的机会。

二是通过立法、资金等切实措施促进职业教育的发展。1889年，英国颁布了《技术教育法》，又于1902年颁布了《巴尔福教育法》。1917年，美国国会通过了《史密斯-休斯法案》，这被称为美国教育史上的第二个里程碑。该法案以振兴中等职业教育为目的，通过资助的方式极大地促进美国职业教育的发展。

三是重视职业教育的科学研究。为了更科学地发展职业教育，充分发挥职业教育在国家发展战略中的作用，各国都重视职业教育的科学研究，这是世界各国重视职业教育的另一种表现形式。1881年，英国议会任命一个委员会调查外国技术教育，从职业教育的角度探索经济强国之路；1914年，美国威尔逊总统指定成立"国家职业教育委员会"，研究国家对职业教育的支持途径和方式。

四是充分动员和广泛参与。在此期间，各国通过法律、政策和资金等手段，广泛调动人们参与职业教育的积极性。1919年通过的德国《魏玛宪法》明确规定，经过八年义务教育后，青少年必须进入职业补习学校，直至18岁。

第二个阶段：第二次世界大战后，国外职业教育取得新进展。

20世纪40~50年代，国外相关专家、学者对职业教育发展的前景进行了广泛而深入的探讨与分析，并提出了一系列思考。托马斯·巴洛夫（Thomas Balogh）和菲利普·J.福斯特（Philip J.Foster）在其中称得上是最具代表性和影响最深的人物。虽然不同国家的措施不同，但总体上有如下特征。

一是各个国家对职业教育的发展都十分关注，力图使之向国际化方向发展。科学技术的不断创新和新技术的普及，对劳动者和工程师的科技素质也提出了越来越高的要求。为了积极地学习他国的成功经验，各国在发展职业教育方面的交流合作越来越多，各国间的关系也日益密切。世界各国组织也纷纷为职业教育事业作出了积极的贡献，职业教育成为一种全球性事业。

二是以立法支持职业教育。美国于20世纪50年代颁布《国防教育法》，推行区域职业教育方案，强化国防相关专业教育；20世纪60年代，联邦德国颁布《职业教育法》，20世纪80年代颁布《职业教育促进法》，用以推动和协调"双元制"的职业训练；日本在20世纪50年代相继出台了《产业教育振兴法》《职业训练法》等相关法律，引起了民众对职业教育的普遍关注。

三是建立健全职业教育制度，构建密集的职业教育网络。世界各地的职业教育在第二次世界大战之后已经形成了较为完备的职业教育系统与职业教育网络，如日本将职业教育划分初级、中级、高级三个阶段；美国自高中起，分为综合高中、职业高中和职业教育中心三类，除此之外还设置了不同种类的社区学院。

四是注重职业教育教师队伍建设。发达国家非常注重职业教育师资的规范化、专业化及优厚的薪酬体系等，并且具有完整的人才培养体系和稳定的师资来源。总的来说，主要通过四种途径来培养职业教育的师资力量：创办专门的高等院校，以培养此类教育的师资力量；在指定院校进行培训；在一些院校设立教育学院、教育系；通过专门的机构，如教育培训中心、区域职业教育中心、大型企业培训部等，提供持续教育和专业培训课程。

——我国职业教育的发展

第一阶段：实业教育体系的建立（1903—1911年）。

近代中国的实业教育体制伴随着晚清近代新学制而产生。清朝政府在1902年颁布的《钦定学堂章程》，也称为"壬寅学制"，第一次从学校制度的角度系统规范我国的职业教育。但实业学堂并无完整独立的体系，大多包含在普通学堂中，由于各种因素的影响最终没有实施。1904年，清朝政府又颁布了我国近代首个正式实行的《奏定学堂章程》，这是根据日本学制而制定的，也称"癸卯学制"，对各实业学堂的性质、任务、入学条件、修业年限与实业学堂之间的关系进行了详细的规定，在制度上建立了我国的职业教育体制。

第二阶段：实业教育（1912—1921年）。

辛亥革命后，南京临时政府成立了教育部，并指定蔡元培为教育总长。1912年，新的学制体系发布并实行，即"壬子学制"。此后自1913年起，先后颁布了《专门学校令》和《公私立专门学校规程》，大、中、小学校与师范学校令，以及工业、农业、商业、法律、商船、医药、药学、外国语等学校条例。《实业学校令》和《实业学校规程》，与"壬子学制"相辅相成，形成了一套比较完善的学校制度，称为"壬子癸丑学制"。[①]直到1922年，新的学制出现后，这种制度才被废除。

这一阶段，出现了许多具有重大意义的职业教育理念。蔡元培于1912年在张之洞等人推行的"尚实"教育基础上提出了实利主义理念。而在此期间，黄炎培对实业教育的影响最为深远。1913年，黄炎培发表《学校采用实用主义之商榷》；1917年，发表《实用主义产出之第三年》，改"抽象的实用主义"为"具体的职业教育"。

第三阶段：职业教育的兴起与发展（1922—1948年）。

江苏于1920年举办了第六届全国教育联合会，此间建议实行学制改革，后经过大量论证，于1922年制定了以美国学制为基础的"壬戌

---

① 杨大伟：《民国时期职业师范教育制度的演进》，《职教论坛》，2015（7）：94。

学制",首次明确规范将实业学校命名为职业学校,为职业教育的发展奠定了基础。

中华职业教育社自创办起,通过职业辅导、创办职业学校等多种形式,积极开展实业教育的推广与实践,对我国职业教育的改革与发展起到了不可忽视的重要作用。职业教育的产生和大发展和当时一些主张实业救国的企业家以及一些心系职业教育的学者具有密切的关系。黄炎培在1917年针对我国的教育现状提出了职业教育这一主张,因此,黄炎培也被称作中国近代职业教育的奠基人。此后,陶行知又针对我国当时教育的现状以及一些弊端,提出并倡导大众进行职业教育,慢慢地,教育与时代生活相结合,衍生出了"教与学与做一体"的职业教育思想。集美职业教育事业的创办者陈嘉庚、农业学校的创办者何香凝与廖仲恺、培黎工艺学校的创办者新西兰国际友人路易·艾梨等,都对这一时期的职业教育发展作出了巨大贡献。1927—1937年,国民政府在职教方面所做的工作主要是制定一系列规章、条例,并日益完善,逐步落实。抗战期间,职业教育既为战时提供了各类技术人员,又为国民经济和国防工业的发展提供了大量实用技术人员。在这一时期,职业教育出现了多样化发展的格局。抗日战争胜利以后,由于国民党发动内战,经济凋敝,职业教育的发展被中断。

第四阶段:我国职业教育的新发展(1949年至今)。

中华人民共和国成立后,废除了旧法中的封建迷信内容,积极传播了农业科学知识。我国的职业教育进入了新时期。在这个新时期,职业教育获得了迅速发展。"文化大革命"的爆发,严重摧残了职业教育事业,并且使得整个教育体系中各系统之间的平衡严重失调,当时的中学毕业生面临升学困难,就业又缺乏职业训练。

党的十一届三中全会以后,教育战线进行了"拨乱反正",教育工作得到恢复并站在新的起点上。党中央明确提出一系列针对调整中等教育结构、发展职业教育的方针,各级政府部门积极响应并且贯彻党中央的指示。1980年,被破坏殆尽的中等职业教育有所好转,各类中等职业学校发展到8 671所。到1990年,我国的职业教育已经获得了极好的成绩，中等职业学校招收的学生人数大幅增加。1991年1月，国家教委等几个部门联合召开了全国职业教育工作会议。会议的主要任务是学习、贯彻党的十三届七中全会精神，总结十年来我国发展职业技术教育的经验，进一步提高认识，明确今后发展职业技术教育的目标、方针和政策措施。这为20世纪90年代职业教育的发展指明了前进的方向，使得"八五"计划时期成为职业教育发展最快的历史时期。[①]在2000年和2002年，国家下达了102个研究项目，组织力量对高职高专的性质、地位、培养目标和方式，以及课程设计等进行专题调研。这些研究成果为驱动高等职业教育又快又好地发展提供了十分宝贵的经验。2011年，教育部下发《关于充分发挥行业指导作用推进职业教育改革发展的意见》《关于推进中等和高等职业教育协调发展的指导意见》和《关于推进高等职业教育改革创新引领职业教育科学发展的若干意见》，教育部、财政部下发了《关于支持高等职业学校提升专业服务产业发展能力的通知》，教育部等九部门下发了《关于加快发展面向农村的职业教育的意见》等，为进一步推动职业教育改革发展提出了更高的要求，推动机制体制创新，发挥行业带头人的指导作用，深化校企合作、工学结合，制定系统培养技能型人才制度，使职业教育更好地服务经济社会发展。

2014年，国务院印发《关于加快发展现代职业教育的决定》。在全国职业教育工作会议上，习近平总书记作出重要批示；教育部等六部门印发《现代职业教育体系建设规划（2014—2020年）》。2015年，教育部印发了《关于深化职业教育教学改革全面提高人才培养质量的若干意见》《关于深入推进职业教育集团化办学的意见》和《高等职业教育创新发展行动计划（2015—2018年）》。在我国社会经济高速发展的21世纪，职业教育事业取得了快速发展。2018年，教育部等六部门联合印发《职业学校校企合作促进办法》。办法对进一步激发行业企业参与职业教育的内生动力，规范职业学校开展校企合作的形式、措施和监督方法，作出了相关规定。2020年，由教育部等九部门印发的《职

---

[①] 申家龙：《新中国成立以来职业教育制度与政策的历史回顾》，《职教通讯：江苏技术师范学院学报》，2008（8）：8。

业教育提质培优行动计划（2020—2023年）》（以下简称《行动计划》）正式发布，这标志着我国职业教育正在从"怎么看"转向"怎么干"的提质培优、增值赋能新时代，也意味着职业教育从"大有可为"的期待开始转向"大有作为"的实践阶段。2021年，中共中央办公厅、国务院办公厅印发的《关于推动现代职业教育高质量发展的意见》指出，职业教育是国民教育体系和人力资源开发的重要组成部分，肩负着培养多样化人才、传承技术技能、促进就业创业的重要职责。在全面建设社会主义现代化国家新征程中，职业教育前途广阔、大有可为。2022年，最新的《中华人民共和国职业教育法》发布，共八章、六十九条，明确职业教育是与普通教育具有同等重要地位的教育类型，着力提升职业教育认可度，深化产教融合、校企合作，完善职业教育保障制度和措施，更好地推动职业教育高质量发展。[1]

### 5.2.2 职业教育改革与发展的趋势

#### 5.2.2.1 职业教育国际化

联合国教科文组织为了使职业教育在国际铺开，特别强调合作发展，如与国际劳工组织（ILO）、经济合作与发展组织、世界银行等国际机构合作，这样做有利于各个组织在政策制定和职业教育实施方面互帮互助。这种发展模式主要是为了适应经济、就业等方面一系列的国际化和全球化形势，是各国进行交流与合作的重要方式。[2]

职业教育合作办学日益国际化，各国（地区）互相派遣留学生逐渐常态化，很多国家的职业院校发展良好，甚至面向全世界招生。我国作为最大的发展中国家，改革开放后积极发展国际院校开展国际合作，并且取得优异的成绩。1999年，联合国教科文组织在韩国汉城召开国际技术与职业教育大会，专门设立"加强技术与职业教育的国际

---

[1] 《中华人民共和国职业教育法》，中华人民共和国教育部网，http://www.moe.gov.cn/jyb_sjzl/sjzl_zcfg/zcfg_jyfl/202204/t20220421_620064.html，2022-04-20。

[2] 吴济慧：《略论新世纪世界职业教育的发展趋势》，《教育学术月刊》，2009（11）：99。

合作"的议题,并且在会议上进行激烈的讨论。由此可以看出,职业教育的国际合作是一个大趋势。

#### 5.2.2.2 职业教育全民化和终身化

联合国教科文组织提出技术与职业教育应该面向社会全体人员,并且各个年龄段均可学习。一方面,要保证性别平等和年龄平等,使大家都有得到技术培训和职业教育的可能;另一方面,尽量为早期辍学者、残疾人、农村贫民,以及武装冲突结束后的流离失所者和复员军人提供正规或非正规的技术培训和职业教育。由于受教育的人群复杂多样,因此课程内容要求是灵活的,以便他们可以根据自身需要选择课程。

在职前教育和职后教育紧密结合的同时,终身学习的教育理念也逐渐被大众认可,因此职业教育不再被认为是终身制,而是一种阶段性的学习。职业教育在步入信息化时代后,知识和技术更新越来越快,新时代对职业教育的发展提出了更高的要求。由此可见,新时代职业教育面临的重要问题是职业教育如何终身化。对此全世界都进行了探索,联合国教科文组织也十分重视这个问题。大众普遍认为职业教育是人生中的一个阶段性教育,且应该实现中等职业教育与高等职业教育相承接,完善职业教育向普通高等教育衔接的途径,将终身制的职业教育转变为阶段性教育,为想进一步深造的职业教育学生提供晋升途径,弥补职业教育面临的入口大、出口小的缺陷。对此,应该扩大出口,推动社会认可职业教育与普通高等教育学历资格等值,且允许职业教育学生报考高等教育院校。[①]

#### 5.2.2.3 职业教育管理法治化

法律法规的制定与完善推动了职业教育快速、稳定发展。在经济高速发展的时代,职业教育逐渐被各国重视,并且出台一系列完备的

---

① 李建忠:《国际职业教育发展现状、趋势及中国职业教育的基本对策》,《职业技术教育》,2000(1):58。

法律法规来为其发展保驾护航。从1969年8月开始，德国实施《职业教育法》，这部法律内容非常翔实，是德国企业界和职业教育界解释行为的依据。但仅仅依靠此法是不够的，因此德国先后出台了多部职业教育法律法规，包括《职业教育促进法》《劳动促进法》《青年劳动保护法》《手工业条例》《实训教师资格条例》等。我国也先后出台过《中华人民共和国职业教育法》等一系列法规，职业教育的配套措施和规定等近年来也密集出台，我国职业教育管理法治化进程加速。

#### 5.2.2.4 职业教育办学层次不断高移

由于科学技术发展日新月异，社会对生产技术岗位的细分趋势明显，社会从业人员在职业划分上也更加精细，职业技能的训练熟练度要求自然更高。在高新技术的不断革新、第三产业的兴起、职业岗位的更迭等多重因素影响下，职业教育办学层次不再仅限于中等职业教育或者专科层次的高等职业教育，本科层次甚至研究生层次的职业教育也在逐步推广。世界上很多国家和地区的职业教育体系便是如此，如美国、日本等国家和地区。为了使青年高中毕业后继续进行职业教育，美国各级政府大力推广在"社会大学"获得规定学分的学生，可获得硕士学位。更令人惊奇的是，职业教育在一些国家和地区已经有了博士教育。

中高等职业教育一体化也有"高移"现象。例如，美国提供高中后职业教育的社区大学有近1 000所，韩国也有超过145所职业高中与两年制职业专科学院联合创办的五年制高等职业教育。德国的"双元制"职业教育向高等教育迈进可以追溯到20世纪70年代，迄今为止已经创办了22所三年制职业学院，最近几年更是在谋求本科层次"双元制"高等专科大学（应用技术学院）的发展。

#### 5.2.2.5 职业教育协同化与校企合作

职业教育协同化，是指职业教育由社会多部门、多行业共同协作办学。职业教育发展的首要责任在政府。政府的职能是政策制定、提供经费、协调双方、制定标准等。但是，企业需要为学员提供学习场所和实践基地，这样学员可以掌握企业动态和安全生产的重要性，提高企业的环保意识和责任意识。如今有不少发达国家选择一种新型模式，即国家培训委员会，拉近政府、企业和雇主的关系，使其成为职业教育发展与改革的重要保障。

世界经济蓬勃发展，传统的职业教育模式已不能满足大部分国家、政府和社会的需求，原有模式下的毕业生有许多局限。因此，世界范围内职业教育在改革中提出让企业参与进来，进行校企合作办学。此举有很多优势，如企业有雄厚的资金和先进的专业设备，还有丰富的管理经验和充足的资源，可以保证职业教育获得长足的发展。目前，学校与企业合作成为发达国家职业教育办学的主要特点。

### 5.2.2.6 职业教育专业适应化

职业教育发展的核心问题之一是专业适应化发展。能力居首位，拓展专业面，提高适应性，把培养创业能力摆在更加突出的位置。20世纪末期，中东欧国家将职业教育改革的重点放在调整职业教育专业目录以应对社会经济变革，拓展专业面，从而着力调整职业教育的资源配置和结构优化，推广环保教育和外语教育教学。为提高职业教育学生的外语能力，欧盟委员会自1995年实施了"达·芬奇"计划，以期培养学生的创业能力。职业教育将理论和实践相结合，在培养创业精神的同时也提高学生的就业能力，为促进就业提供了新的思路。另外，政府要承担为职业院校学生提供配套政策以及资金援助的责任，在流程上简化手续、减免各种税费，为毕业生营造良好的就业环境。教育新技术的运用、信息技术的革命为职业院校学生提供了更加方便快捷的方式，消除他们学习的距离感，从而使其更快地获取知识。[①]技术的更新对终身学习起到了十分重要的作用，为受教育者提供了全方位、多层次的学习方式，更能满足学习者的个性化需求。如今，许多

---

① 李建忠：《国际职业教育发展现状、趋势及中国职业教育的基本对策》，《职业技术教育》，2000（1）：61。

国家更加注重利用教学系统与信息系统以及各种硬件和软件进行国际教学。

#### 5.2.2.7 职业教育模式集团化

在世界职业教育发展的大趋势下,职业教育越来越多地采取集团化模式。其基本措施是:整合职业教育资源,进行互帮互助、合作共赢。为培养高质量人才,增强集团实力,各院校进行多元化的合作,充分利用规模效应优化资源配置,增强品牌吸引力,扩大对口效应,实现合作双方利益共赢。其中,职业教育与集团联合办学能更加合理地培养人才。集团化办学已成为职业教育模式改革的新亮点。

#### 5.2.2.8 职业教育方式学徒化

传统的职业教育方式之一是学徒制。伴随着经济社会的发展,高技能人才的技能熟练度被广泛关注,职业教育培养方式也在逐步创新,学徒制在此基础上应运而生。世界各国在传统学徒制的基础上,结合国家的发展形势和社会生产力发展要求,发展了现代新型学徒制,使得职业教育培养的高技能人才更加适应社会发展的需要。世界各国在进行学徒制培训的过程中取得了丰硕的成果,德国、英国、丹麦、奥地利等国家是这方面的代表。

各国进行的学徒制培训大致有如下特点:一是完成培训后进行结业测试,成绩合格后即可取得国家认可的就业资格。二是学徒制培训可以更快地就业且就业环境良好,并且大部分学徒在取得资格后可以被实习企业录用。三是训练内容是社会合伙人一起确定的,训练更加贴近实际,更加强调对学徒实际操作能力的培养。四是学徒在实习企业进行培训时不仅可以免除学费,而且有学徒工资,这也是学徒制在各国受欢迎的原因。

#### 5.2.2.9 职业教育指导和咨询制度化

职业教育的一个重要组成部分是职业指导,为学生提供学业和就业上的帮助,使他们明确自己的发展方向。近些年,职业指导在国外出现了以下发展趋势：一是下发"职业发展纲要"来指导开展活动，对职业的前景、内容等方面做出一些明确规定。二是增设职业与个人发展课程，主要内容有正确评估自己的能力、潜力和目标，提高自控和自我解决问题的能力、求职技巧，完善个人未来发展的计划。三是开展生计教育。在各学科教学过程中融合职业和劳动力市场的实时信息，使课程内容与时俱进，培养学生的科研和创新能力，以及积极进取的生活态度。四是建立计算机应用辅助升学和就业指导系统。五是构建学生的个人档案。六是实地参观。实地考察各单位的工作情况，增强感性认识，把理论知识与实际经历结合起来，为未来就业做好准备。①

#### 5.2.2.10 职业教育发展趋向多元化并追求可持续发展

世界教育发展的大趋势是多元化并追求可持续发展，职业教育作为教育中最重要的组成部分亦是如此。职业教育多元化模式可以更好地适应地方发展和企业生产岗位的不同要求，与普通教育相比较，其更容易发挥地方政府、企业和集团的力量。在办学模式上，开始采取以院校为主或者以企业为主，又或者以合作办学为主的多种办学模式，如"订单式"培养模式、"工学交替"模式等，从而将教学与技术应用相结合，深化合作办学，实现多方合作共赢。在教学模式上，被许多国家认可的有北美的 CBE 教学模式、德国的"双元制"教学模式，以及国际劳工组织开发的适合于技工培训的 MES 教学模式。每一种教学模式的适用范围有限，大部分带有本国的特征，且呈现出多元化和全面化的发展趋势。我国的职业教育拥有多种办学方式，主要由省级政府进行整体管控，再由国家进行宏观调控，双管齐下，共同监督管理。我国大力扶持职业教育，尤其是国家和地方投资的职业教育。政府出台各种优惠政策，鼓励企业办学、私人办学，包括其他各种形式的社会组织办学等，形成多元化办学的格局。

另外，为了促进职业教育向可持续发展的方向转变，满足劳动市

---

① 李建忠：《国际职业教育发展现状、趋势及中国职业教育的基本对策》，《职业技术教育》，2000（1）：63。

场对技术人员的需求，以拉动内需、推动职业教育的发展，1999年4月，第二届国际技术和职业教育大会提出："技术和职业教育与培训计划不仅要靠需求驱动，还应该由发展需要驱动。受到良好训练、掌握技术的劳动力对于任何一个想要实现可持续发展的国家都是必不可少的。"联合国教科文组织也认识到了这一点，号召世界各国必须要保证职业教育的培训与发展，这是职业教育未来发展的重要方向，也是重要的一环。

### 5.2.3 中外职业教育发展对我国职业教育助力共同富裕的启示

共同富裕是中国特色社会主义的本质要求，是中国式现代化的重要特征，也是我们党的第二个百年奋斗目标中的重要内容。职业教育是实现共同富裕目标的重要途径之一。政府在职业教育领域的政策举措，旨在通过提高劳动者的技能水平，促进经济结构转型升级，实现社会资源的均衡分配。共同富裕作为一种社会发展理念，强调在经济繁荣的同时，社会各阶层共享发展成果，实现资源的公平分配和人民生活水平的普遍提升。这就要求构建更加包容和公正的社会结构，促使经济增长，不是造福少数人，而是惠及广大群众。[①]要实现共同富裕就要缩小社会贫富差距，使全体人民共同享受社会进步的成果，推动社会稳定和可持续发展。

#### 5.2.3.1 构建完整的现代职业教育体系

职业教育是一个庞大的体系，可以分为很多类型，每种类型都应寻求适合自身特点的发展模式。职业教育在办学性质上有公立、私立之分，教育类型可分为学校教育、社会教育和企业教育，根据学校类别可分为职业高中、高等专门学校、短期大学、专修学校等。职业教育的教育形式有职前教育、在职教育、专业教育。为了方便劳动者日

---

[①] 张满东：《职业教育赋能共同富裕的理论探赜与实践路径》，《南京开放大学学报》，2023（2）：39-40。

常学习，我国还采用了灵活的、弹性的教育方式，如全日制、半日制、隔日制等教育方式，劳动者可以根据自身的需求选择。这完善了职业教育体系，充分激发了职业教育的活力，大大提高了劳动者的自身素质。职业教育办学的形式、内容、方法，是根据社会、时代变化而变化的。职业教育不应止步不前，而要与时代发展齐头并进，教育与社会经济发展相互促进、相互制约。我国的职业教育体系不断完善，可以为各类人群提供教育的机会，是提高全民素质、促进经济发展的利好事情。我国的职业教育事业除了总结自己的发展经验外，还可以借鉴国外的优秀案例，取长补短，最终为实现共同富裕的伟大目标服务。

要为共同富裕目标助力，现代职业教育体系建设是关键。加强现代职业教育体系建设，为全社会提供更广泛、更高质量的职业教育资源，使人才培养与助力实现共同富裕目标相契合。一方面，需要拓展职业教育的覆盖范围，确保不同社会群体都能够享受到职业教育的机会。通过建立多层次、多领域的职业教育机构，满足不同层次、不同领域的人才需求，使更多群体能够通过现代职业教育，提高就业竞争力。另一方面，需要提高职业院校和培训机构的办学质量，包括：引入先进的教育理念和教学方法，更新职业教育课程，使之与市场需求紧密结合；加强师资队伍建设，培养高水平的职业教育从业人员，提高教育质量和水平。

### 5.2.3.2　完善相关法规，确保职业教育有效实施

依法治教是职业教育的重要经验，职业教育的地位通过法规确立，职业教育的发展受到法律保护。我国职业教育的办学方向和体制都已确立，职业教育需要在法律法规的保障下实现高质量发展。德国的职业教育有专门的法律保护，如《联邦职业教育法》。在德国，任何职业教育都必须严格遵循法律的规定，违反者会受到严厉的惩罚。这保证了德国的职业教育健康发展。

我国虽然也有相关的职业教育法律，如最新修订的《中华人民共和国职业教育法》（2022年），但法律体系还不够健全。职业教育发展

过程中面临的问题较多,如办学体制不够完善、办学经费不能保障等。有很多职业教育从业者钻法律的空子,只享受权利,不履行义务。我国的职业教育发展之路任重而道远,加大职业教育的法律保护力度是目前必须高度重视的问题。

5.2.3.3　加大政府的支持力度,充分保证教育与培训经费来源

职业教育的经费来源是世界各国共同面临的难题。德国实行的是"双元制"教学模式,因此德国的职业教育经费是由国家和企业共同出资的,学生培训的费用由企业出资,职业学校的办学经费由政府出资。在接受培训的时候,也就是学生在实习的过程中,无形中也为企业创造了财富。因此,那些没有承担职业教育培训的企业,反而要付出更多的经费。这就形成了职业教育需要企业、企业需要员工的互利共赢局面。

政府的参与是促进职业教育发展的有力保证。近几年,我国受过高等教育的劳动力增多,我国社会经济结构转型升级对技术人才的需求还在不断增加。因此,当前是发展职业教育的好时机。我国政府加大了对职业教育的扶持力度,增加了对职业教育的财政支持力度,教育部门应制定更多相关评判标准,建立专项资金制度,对符合标准的职业院校进行更加科学的评判,并给予较大力度的政策倾斜与资金支持。为了鼓励民间和企业出资建立学校,应多措并举,如提供办学场所、办学设施等,共同促进职业教育实现高质量发展。

5.2.3.4　鼓励职业院校与企业密切合作

职业教育能够有效地培养学生的实际操作能力,提高其在就业市场上的竞争力,从而促进共同富裕目标的实现。实践教学的强化应与企业合作开展实习和实训项目。高职院校通过与行业内的企业建立合作关系,让学生有机会在真实工作场景中应用所学知识,获得实际工作经验。通过实际操作能力的训练,学生更容易适应不同工作环境,提高解决实际问题的能力。学生毕业后能够迅速融入职业岗位,为他们的职业发展奠定坚实的基础。通过强化实践教学,职业教育能够更

好地满足社会对高素质技能人才的需求,为社会经济发展提供有力支持。学生在实际操作中获取的技能和经验将成为他们参与社会建设的宝贵资本,促使其更好地为社会和经济的可持续发展贡献力量。

与实际产业需求密切对接,可以确保职业教育紧跟市场变化,为学生提供更贴近实际就业需要的培训。首先,建立与各行业、企业的紧密合作机制是关键。通过与企业建立长期的伙伴关系,职业教育院校能够深入了解市场需求,及时调整培训计划和课程设置,确保培养出的学生具备符合行业标准的实际技能,最终使学生在职业教育结束后能够顺利融入就业市场。

职业教育与普通教育的性质不同,因而二者的发展方向也不同。普通教育更加注重理论知识的学习,而职业院校则更加注重实际操作训练。

企业与职业院校达成合作,职业院校以企业的名誉为依托进行招生,而企业则需要职业院校为他们培养符合要求的技术人才,接受职业院校的学生实习,甚至可以直接录用符合条件的实习学生。鼓励企业对职业院校进行经费资助,参与技术研发,并为学生提供实验技术和场地。

#### 5.2.3.5 建立高素质的"双师型"师资队伍

职业教育办学质量的好坏,师资力量是一个重要的决定因素。世界各国对教师的资质都很注重,各个国家聘用教师的标准也不同。例如,英国在聘用教师时注重教师的学历、经验和自身能力,强调教师的实践能力。被录用者有一到六个月的试用期,教师还需要经常参与培训和技能训练,而且大多实行合同制。

我国目前从事教师行业的大多是普通高等院校的毕业生,他们的特点是基础理论知识丰富,实际操作能力相对比较薄弱,教育学、心理学等知识比较欠缺。因此,教育部门应制订相关标准,严控职业院校教师进入标准,注重职业院校教师实践教学能力的培养,促进教师队伍提高教学水平,快速成长。

#### 5.2.3.6 搭建技术技能人才成长"立交桥"

许多国家都普及了高中学段的职业教育，其中瑞典和挪威实行的是综合高中，很好地解决了职业学生就业与升学的问题。他们出台法律保护职业高中学生的受教育权，保障了学生的合法权益，还开发了师傅带徒弟的学习模式，拓宽了专业门类。

当前，我国职业院校的毕业生可以选择直接升学或者就业等。国家应积极改善职业院校的招生标准，以技能和工作效率作为招生的重要指标，建立职业院校的学历证书与国家资格证书相融通的制度。大力开设职业教育特色专业，打造职业院校特色的课程，推进职业院校与其他类型学校进行成果共享、资源共享。鼓励有条件的普通高中根据需要适当增加职业技能培训的课程比例。

在实现共同富裕的伟大征程中，职业教育作为重要的支柱，扮演着不可替代的角色。建立职业教育体系、对接产业以及强化实践教学，不仅能够培养出适应市场需求的高素质人才，还能够为广大学生提供更公平的职业发展机会，为共同富裕目标的实现注入强大动力。

## 5.3 现代职业教育体系的构建

我国当前的教育体系具有高度的开放性和系统性，融合了当前终身教育、中等教育以及职业教育的理念。职业教育要助力我国生产力转型升级、共同富裕目标的实现，就要解决当前职业教育存在的一些弊端，建立现代职业教育体系。同时，现代职业教育体系的建立必须在资本投资、政策保障、法律支持等相关法律框架下进行。

### 5.3.1 法律依据和政策背景

国家有关部门先后颁布了一系列职业教育条例。1999年，中共中央、国务院出台了《关于深化教育改革全面推进素质教育的决定》，2003年出台了《中共中央、国务院关于进一步加强人才工作的决定》。同年，劳动和社会保障部门还出台了关于贯彻落实《中共中央、国务院关于进一步加强人才工作的决定》的意见，指出要做好对高技能人才的相关培养工作，同时还要做好相关的人才保障工作。2004年，原劳动和社会保障部发布了《关于实施"青工技能振兴计划"的意见》。2005年，国务院出台了《关于大力发展职业教育的决定》；同年，原劳动和社会保障部出台了《高技能人才培养体系建设"十一五"规划纲要（2006年—2010年）》。2006年，中共中央办公厅、国务院办公厅又颁布了《关于进一步加强高技能人才工作的意见》，原劳动和社会保障部则出台了《关于进一步加强高技能人才评价工作的通知》。2007年，原劳动和社会保障部颁布了《高技能人才培养体系建设"十一五"规划纲要》，同年又颁布《高技能人才公共实训基地建设试点工作指导意见》，2008年发布《推进企业技能人才评价工作指导意见》。2011年，人社部颁布了《高技能人才队伍建设中长期规划（2010—2020）》；2014年，《国务院关于加快发展现代职业教育的决定》出台。2022年，《中华人民共和国职业教育法》得到修订并开始实施等。

党的十八大以来，关于职业教育的重要地位与作用，党和政府有了更加明确的指示，同时出台了相关政策推动职业教育发展。可以说，政府相关的职业教育政策已经成为职业教育发展的行动准则。

《国务院关于加快发展现代职业教育的决定》（2014年）提出，在2020年，我国将会建成符合当前发展趋势的、产业与教育相结合的、具有中国特色的、占据世界一流地位的现代职业教育体系；实施现代职业教育体系的"两步走"战略目标，最终使职业教育的结构与发展规模更加合理，使职业教育与当前的社会发展相适应，努力提升职业教育的办学质量与水平，创建良性的职业教育发展环境。这个目标基本实现。关于职业教育的发展，国家还出台了以下相关政策文件：《教育部关于深入推进职业教育集团化办学的意见》（2015年）、《提高职业院校管理水平提升行动计划（2015—2018）》（2015年）、《高等职业教育创新与发展行动计划（2015—2018年）》（2015年），这些政策对我国的职业教育发展提出了新的要求。关于职业教育的人才培养以及人才的质量保障问题，我国还有以下政策文件：《教育部关于深化职业教育教学改革全面提高人才培养质量的若干意见》《教育部办公厅关于建立职业院校教学工作诊断与改进制度的通知》《教育部关于开展现代学徒制试点工作的意见》。这些政策的重点在于提升相关职业教育人才的素质与质量。针对职业教育教师的相关培养，有以下相关政策：《职业学校兼职教师管理办法》和《教育部关于实施国家优秀中小学教师培养计划的意见》。这些政策文件显著提高了高职院校"双师型"教师的数量和比例，对高职院校教师评价体系的健康科学发展具有明显的导向作用。

针对职业教育院校与企业的合作发展以及当前推行的学徒制，有以下政策文件：《教育部关于深化 2013 年教育领域综合改革的意见》《教育部关于深入推进职业教育集团化办学的意见》。高度重视产教融合和校企合作，在肯定和实施"中高职衔接"教育模式方面，国务院颁布了《关于〈中国教育改革和发展纲要〉的实施意见》（1993 年），对不同类别的教育发展提出了具体要求。《国家中长期教育改革和发展规划纲要（2010—2020 年）》也提到需要建立健全符合时代发展以及适应社会经济的新型职业教育体系。《教育部关于推进中等和高等职业教育协调发展的指导意见》（2011）提出，需要重视职业教育，将职业教育与经济发展放置在同等地位。《教育部关于推进高等职业教育改革创新引领职业教育科学发展的若干意见》（2011 年），提出了职业教育发展的方向、价值以及任务。《中华人民共和国国民经济和社会发展第十四个五年规划和 2035 年远景目标纲要》（2021 年）强调，要创新办学模式，深化产教融合、校企合作，鼓励企业举办高质量职业技术教育，探索中国特色学徒制。实施现代职业技术教育质量提升计划，建设一批高水平职业技术院校和专业，稳步发展职业本科教育。深化职普融通，实现职业技术教育与普通教育双向互认、纵向流动。

### 5.3.2 职业教育相关法律法规的作用与意义

上述职业教育相关法律法规的主要作用，可以概括为以下六个方面。

职业教育助力共同富裕的内在逻辑与行动路向
——基于浙江省山区6县市的调研

第一，为推进国家职业资格证书制度提供了法律保障。1994年、1996年分别出台了《中华人民共和国劳动法》和《中华人民共和国职业教育法》，两者对于我国的相关职业资格证书制度提出了要求。1999年，《中共中央国务院关于深化教育改革、全面推进素质教育的决定》出台，指出要在整个社会推行"双证"并重（"双证"即学业证和职业资格证）。2022年颁发的最新《中华人民共和国职业教育法》也规定要建立健全职业技能鉴定制度，促进职业技能的认证和评估，提高职业技能的社会认同度；对于通过职业技能鉴定并获得职业资格证书的人员，法律鼓励给予政策支持和激励措施，提高其社会地位和经济待遇。近年来，国家和有关部门相继出台了相关法规和条例，对技师评聘方式进行调整改革，为高级技能型人才的评选创造了条件。目前，工程师、高级工程师作为职业资格证书五级制中的两个最高等级，其具体的职业标准得到了明确。

第二，为建立和完善技能竞赛制度提供了法律保障。《国务院关于加快发展现代职业教育的决定》提到，要在全国范围内定期举行职业竞赛活动，对竞赛的优胜者给予相应的奖励与表扬。我国的职业技能竞赛采用分层管理的模式，总的来说，主要分为三个层次，最高的为国家级，其余依次为省级、地市级。国家级又包含两种类别：第一为跨行业、跨区域的竞争，第二种为单一的行业与系统之间的竞争。当前，我国对职业技能竞赛不断进行完善与建设，形成了较为系统全面的竞赛体系。职业技能竞赛的管理形式不断变革创新，形成了一种新的竞争组织形式，这种竞争组织形式主要是由政府部门主导的。

第三，为构建完善的技能型人才培养体系提供了法律保障。2002年，原劳动保障部联合中国机械行业联合会和航空、航天、武器、船舶、机车车辆等十大企业集团，实施"国家技能型人才培养工程"。实施这一"工程"项目的目的是，不仅要培养具有优秀技术的高级技能型人才，还要建立和完善高级技能型人才的培养和使用激励机制。2006年出台的《关于进一步加强高技能人才工作的意见》指出，需要建立健全相关的技能人才培养体系，增强并提升技能人才的培养，是迄今为止技能型人才培养方面最权威的政策指导性文件。2017年，原劳动和社会保障部出台颁布了《关于开展高技能人才公共实训基地建设试点工作的指导意见》，提出要建立相关的技能实际训练基地，明确基地建设的目标、作用和价值，开拓思路，努力探索出更多的基地建设模式。最新的《中华人民共和国职业教育法》（2022年）鼓励职业院校与企业合作，开展订单式培养和实习实训，确保学生在校期间能够获得真实的职业技能培训。上述举措都需要政府加大投资力度，并对相关的投资资金进行合理、科学管理。

第四，为相关的技能培训机构提供法律与制度保障。《高技能人才培养体系建设"十一五"规划纲要（2006年—2010年）》提出，技工院校和技师院校要改革传统学历教育的模式，大力推进技工院校和技师院校建设，使之成为培养后备技能型人才的主要基地。校企合作的形式能够还能培养与时代接轨的复合型人才。

第五，为完善高技能人才激励政策提供法律保障。2006年出台的《关于进一步加强高技能人才工作的意见》，提出了职业技术型人才的激励机制和要求，具体内容如下：建立健全相关的职业技术人才的考核、使用等机制，对企业进行监督引导，引导相关的企业依照人才激励机制对技能人才进行鼓励表彰，同时鼓励相关企业自主进行人才奖励以及执行收入分配制度；对于职业技术人才的薪资待遇，应制定相应的奖励惩罚制度。2022年修订的《中华人民共和国职业教育法》也有关于职业技能人才激励的规定，旨在激励和吸引更多的人才投身职业教育和技能培训。《中华人民共和国职业教育法》强调要建立健全激励机制，鼓励各类职业院校和培训机构积极培养高素质技术技能人才，推动职业教育与产业需求对接。职业院校应设立奖学金和助学金，激励在校学生努力学习，提高职业技能，减轻家庭经济负担，促进更多的学生选择职业教育。对于职业技术院校的毕业人才，要执行合理的薪资待遇分配制度。对于参与科技创新以及技术创新的专业型人才，可以将其知识成就转化为劳动收益，以物质的形式进行奖励。

第六,为进一步健全技能型人才使用制度提供法律保障。法律法规要求完善技能型人才使用制度,发挥主力军在技术攻关、精品项目实施、带徒弟传技术等方面的作用。完善技能型人才作为新技术和新产品带头人的相关制度,在参与重大生产决策、组织技术创新、技术攻关项目中发挥带头人作用。完善相关的职工制度,保障职业人才的相关待遇,使职业人才能够发挥出最大的作用。

2014年出台的《国务院关于加快发展现代职业教育的决定》,明确指出了进行职业教育发展建设的相关准则和思想,并且提出了一系列实施方案,为职业教育未来发展的方向做出了规划。要发展现代职业教育,就必须发现当前职业教育中存在的问题,依照发展总规划,围绕发展"目标",纵向贯通,横向渗透,构建现代职业教育体系;深化改革创新,提高培养质量;提高保障的水平与质量,增强组织领导力;多举措齐头并进,整体激发办学活力。

依照相关法律法规,构建与现代社会发展相适应的职业教育体系,明确划分职业教育相关部门的责任,同时还要注意加强职业院校的管理工作,对职业院校的教育任务、教育方向等进行明确的规范,建立系统的法治化的现代职业教育体系。基于当前社会经济发展的大环境,各级政府部门及相关的职业教育院校应努力适应市场的发展变化。职业教育涵盖多个层面,基于职业教育与经济建设之间的关系,政府部门需要利用职业教育的特殊地位对社会建设做出统一的调度安排。在职业教育层面,许多欧美国家的政府处于中心地位。如在德国,各州对于职业教育非常重视,将职业教育与研究型教育放在同等重要的地位,在政府的引导和影响下,可以说职业教育已经发展成为德国教育的重要构成部分。从国内来看,我国部分发达地区比较重视职业教育的发展,如广东、山东等地区,职业教育发展与当地的经济建设发展相匹配,提供了大量专业技能人才,在技术性人才的培养方面也形成了一套完整的体系。党和国家关于职业教育的一系列法律法规和政策文件,大大推动了现代职业教育体系的构建和完善。

### 5.3.3 政策工具的选择

从 20 世纪 80 年代开始，政策工具理论广受关注，在使用其进行理论创新和实践探索时，首先要考虑的是如何分类，即如何采用正确的、有针对性的分类范式。这需要对教育政策执行工具的使用价值进行分析。学界一般采用三种分类范式，并分别以相关学者的名字命名和区分：豪利特和拉米什的治理工具分类，主要以政府介入公共物品与公共服务的程度作为分类依据，将政策性工具划分为三大类：第一类为强制性工具，第二类为自愿性工具，第三类为混合型工具。麦克唐纳和艾莫尔也采用政策性工具进行分类,将其可以将划分成五大类：第一类是命令性工具,第二类是激励性工具,第三类为能力建设工具，第四类为系统变革性工具，第五类为劝诫工具。施耐德和英格拉姆的治理工具分类，与上述分类方式相同，都以政府引导的形式作为分类的依据，分为五大类：第一类为权威式政策工具，第二类为诱因式政策工具，第三类为建立能力式政策工具，第四类为劝说性政策工具，第五类为学习性政策工具。

1991 年,我国颁布了《国务院关于大力发展职业技术教育的决定》，指出发展职业技术教育的目的是建立具有中国特色的、蕴含多种形式的、与其他教育相互融合的现代职业教育体系框架。2002 年,《国务院关于大力推进职业教育改革与发展的决定》,指出了现代职业教育体系的目标，即需要与社会经济发展相适应，结合市场的发展，建立一套结构鲜明、充满特色、开放的现代职业教育体系。2005 年,《国务院关于大力发展职业教育的决定》指出，要确保职业教育的重要战略地位，建立起一套具有中国特色的现代职业教育体系。2014 年,《国务院关于加快发展现代职业教育的决定》指出要将职业教育作为推进我国职业技术人才发展的重要途径。现代职业教育发展的政策目标逐步清晰，政策框架（政策板块及其中的主题）丰富而具体。因此，依照我国职业教育发展的特点，在采用正确的政策工具分类方法完成理论上的探索之后，如何选择多元化的政策工具执行并达成上述目标，成为政策制定者最为重要的关注点。

根据 20 世纪 90 年代以来我国发展现代职业教育的政策文本分析，结合各级政府贯彻执行政策的实践经验，可以看出我国职业教育政策工具的选择和使用呈现出如下状况和特点。

第一，开始有意识地对政策工具进行积极调适。首先要注意的是，选择相关的政策工具，主要依照相关的国家政策，并结合区域发展的需要。地方政府面对的执行环境存在差异，因此地方政策的调适具有一定的客观性。东部地区有雄厚的产业经济支持以及持续旺盛的人才需求，倾向于选择力度较大的政策工具发展现代职业教育；对于经济不发达的地区来说，职业教育与当地的经济之间没有找到平衡，其资源本就有限，还需要考虑本地区职业教育资源随着毕业生流入经济发达省份这一不可忽视的因素，在政策工具的选择上倾向于力度较小的工具。针对职业教育政策环境基础薄弱区域的消极性调适（如政策规避，以及对于相关政策主体的忽略、政策执行存在滞后性等），中央政府需要加大财政转移支付的力度，扶持这些区域的职业教育发展。

针对政策层面凸显出来的相关新问题，要扩大政策工具的相关服务目标，同时还要拓宽服务的领域。在服务目标方面，职业教育政策工具的使用不仅要满足经济社会发展对技能型人才的需求，还要注重推动个体终身学习，使其实现可持续发展。针对适用层面来说，在进行政策工具的运用时，不仅要关注职业教育发展的经费资金、专业建设等问题，还要注意对职业教育教学质量进行把控。

第二，注重政策"工具箱"的丰富多元化。虽然职业教育政策工具的运用逐渐多元化，改变了主要依靠单一强制性政策工具的局面，自愿性政策工具也在各个层面运用，但是仍然有许多效果明显的政策工具没有被使用。基于这种情况，需要找出更多可以应用的政策工具，促进职业教育的发展。

从当前政策文本的发展来看，自愿性政策工具以及混合性政策工具的使用，对促进职业教育的变革和发展来说力度仍然不够。政府应当对自愿性政策工具进行鼓励和支持。从职业院校自我管理的角度看，要给予职业院校更多的自主权利，这些自主权利体现在职业院校专业的设置以及教师的选拔和聘用上等。混合性政策工具具有许多优势，具有引领职业教育发展的作用，应该将一些诱因型工具如税收等，作为促进现代职业教育发展的重要政策工具。

第三，对开拓市场相关工具的应用。从1991年颁布的《国务院关于大力发展职业技术教育的决定》，到2014年出台的《国务院关于加快发展现代职业教育的决定》，我国政府在政策的制定和执行过程中逐步重视并谨慎地使用市场经济工具，在一系列试点过程中对这一工具的使用领域和目标进行拓展，弥补了传统政策工具的不足。市场工具在构建职业教育体系中发挥着重要作用，要进一步降低办学门槛，允许各类办学主体以资本、知识、技术、管理等要素参与办学并享有相应权利，调动一切可能支持职业教育发展的资源参与专业建设、教材开发和教学评价等。

第四，需要关注政府部门之间的合作。从相关的数据统计结果来看，针对多个部门合作的相关主题，存在地方政策工具力度不大的问题，多个部门的合作影响公共政策的实行，不易实现想要达到的目标。因此，在落实中央和地方各级政府相关政策的过程中，需要关注和促进政府部门之间的横向交流，减少部门之间合作造成的"孤岛困境"（多属性目标在执行和实施的过程中，往往面临着部门之间利益不一致和资源难以整合等困境，造成部门之间在理解和执行政策时相互合作的障碍，组织社会学称此为"孤岛现象"）。只有政府部门间的合作顺畅，才能对多属性的政策目标和主题作出合理的安排，并充分发挥其政策调试和指导作用，使政策的落实和执行产生预期绩效。

### 5.3.4 完善新常态下现代职业教育治理体系

《国务院关于加快发展现代职业教育的决定》提出，要"加大职业教育制度创新""完善现代职业院校制度"。《国家中长期教育改革和发展规划纲要（2010—2020年）》明确提出把"建立现代学校制度"纳入重要的战略目标，这些体现了国家对现代职业教育的高度重视。现代职业教育体系的建设，必须结合各级各类职业院校办学的实际情况，遵循社会发展的规律和职业教育自身的运行规律。

#### 5.3.4.1 治理目标

传统的职业教育治理模式以基本管理为主，注重从"政"的角度管理；而现代职业教育治理体系则从"治"的角度管理，功能发生了明显转变。传统模式下的职业教育治理体系，政府大多处于中心地位，拥有绝对的权力，在职业教育治理中具有较强的掌控力。上述治理模式，最大限度地提升了职业教育治理体系的运行效率，使治理目标和结果的一致成为"善政"运行的内在逻辑。与传统治理模式不同的是，现代化职业教育治理体系追求的是一种对教育的公共治理，治理的主体不再局限于政府，还包括政府在内的职业教育"利益相关者"。[1] 综上所述，在进行职业教育治理的过程中，政府必须重视人民群众的利益，关注职业教育的公平，发挥职业教育的治理功能，提高职业教育办学的效率。

基于上述认识，我们可以得出如下结论：完善内部治理结构，目的是激发学校的办学活力，提高办学质量，培养更多的高素质技术技能人才。

#### 5.3.4.2 治理内容

现代职业教育治理的主要内容可以表述为：完善职业教育治理框架，形成社会主体广泛参与的职业教育治理结构，并且通过建立完备的运行机制和治理体系，从产业对接、实践育人、系统培养、质量评估等方面，推进职业教育治理能力的现代化。

第一，要实现职业教育与企业之间的有机统一，时刻关注社会发展的相关需求。这是进行职业教育管理的准备工作，也是推进职业教

---

[1] 庄西真：《中国特色的职业教育治理体系现代化：起点与内涵》，《江苏教育（职业教育版）》，2016（2）：21。

育治理转向现代化的重点。职业教育与企业发展相联系,对职业教育提出了新要求,即职业教育需要关注我国的发展情况以及社会经济发展的需求,对自身的教学结构做出调整,努力实现将政府供给驱动转化为市场需求驱动。

第二,面向技术技能型人才培养重任,构建实践育人治理体系。在学校治理工作中,结合职业教育办学的特点开展相关工作。加快创新职业教育人才培养的实践平台,以职业性、开放性、实践性为主导开展教学活动,构建校企合作体系,在育人过程中强化产教融合、工学结合,形成实践育人的治理体系。[1]职业教育的重要特征是社会适应性,培养实践技能应用熟练、适应社会生产岗位的高素质技能人才,是国家对职业教育发展的总体要求。

第三,要建立一个职业教育质量评价体系,提高职业教育的治理水平。可以说,质量评价体系是进行人才培养是否具有科学性的判断依据。通过构建职业教育质量评价体系,不断完善质量评价指标,多维度对治理质量做出综合考评,并将质量评价信息反馈到人才培育和治理的各个环节,以利于调整与改善办学。[2]

#### 5.3.4.3 职业教育新常态下的治理路径

职业教育新常态下的治理路径是职业院校为实现教育目标和培养目标而设计的教育教学活动的实施路径。它是现代职业教育体系下教育目标的具体化,承载了教育目标,关联了教学内容,直接影响教育教学方法和组织管理。

——坚持立德树人,把德育作为根本任务

坚持职业教育的立德育人原则,就是要全面贯彻党的教育方针和国家战略目标,遵循职业教育规律,培养技能型人才,培养德、智、体、美、劳全面发展的社会主义建设者和接班人。道德建设和育人,

---

[1] 唐明良、张红梅、张涛:《基于教育治理能力现代化的职业教育治理体系构建》,《教育与职业》,2015(34):8。
[2] 唐明良、张红梅、张涛:《基于教育治理能力现代化的职业教育治理体系构建》,《教育与职业》,2015(34):8。

要着眼于"全面发展":一是体现与社会主义核心价值观相契合的思想道德素质;二是注重支持职业发展的知识和技能;三是注重提高生活质量和审美情趣的人文素质;四是注重"人人成才",把每个受教育者培养成有用的人才;五是注重"充分发挥自己的才能"。以岗位职责要求为基础,以德、能、绩为导向,以生产实践和实际贡献为考核机制,提升技能劳动者的职业尊严,为"人人施展才华"提供广阔舞台。

——夯实职业基础,提升职业技能,磨炼实践能力

首先,职业教育是在某一职业领域具有相对稳定和广泛适用的职业基础教育。例如,与某一职业领域有关的基本事实、基本概念、基本原理、一般规律、劳动知识和科学的工作方法,都是职业教育教学的基本任务。其次,职业能力教育,包括知识和技能。技能是指根据一定的规则和程序完成操作的能力,这些规则和程序是学习相关基础知识必需的。知识是内在的、静态的,而技能是利用知识完成特定任务的能力。知识和技能不仅表现在行动中,还表现在头脑中。

——注重提高学生的职业能力,发展学生的智力和体力

一个受过职业教育和培训的人,应该具备适应岗位工作的能力,能够独立工作,并有能力进一步提高。同时,他们应该具备专业知识和态度、实践经验、实践能力、自我学习和自我评价能力。智力和体力是发展职业能力的两大支柱。为了发展学生的智力,必须合理地吸收、消化和提炼以前获得的知识和经验。同时,要激发学生的创造热情,培养良好的思想品德和心理素质。身体健康是人类发展的基础,没有健康有力的体魄,就很难满足社会生产岗位的实际需要。全面发展学生的身体素质和运动能力,提高学生的自我保健意识和能力,养成良好的健康和锻炼习惯,是职业教育的另一项重要任务。

——加强对学生的职业道德和劳动教育,促进学生全面和谐发展

社会公德、家庭美德、职业道德和良好的个人修养是道德教育的基本内容。在职业教育中,要提倡和加强职业道德教育,对学生进行系统全面的职业道德教育,树立行业平等意识和从事某一职业服务社

会的职业理念。职业教育通过职业技能训练、企业文化熏陶、职业道德教育来培养学生良好的职业素养。学生通过职业教育培养刻苦钻研、精益求精的工匠精神。

此外,还要关注职业教育的技能美、产品美等,启发学生感悟职业美。总而言之,职业教育院校需要在教学实践中,关注学生的思想道德发展科学、素养和专业能力发展。同时,还要关注学生的德、智、体、美、劳等方面的发展,使受教育者的专业与德行共同发展。

### 5.3.5 现代职业教育体系对共同富裕的助力作用

现代职业教育体系的构建可以在一定程度上解决当前职业教育存在的一些问题,对共同富裕目标的实现具有很大的推动作用。具体表现在以下几个方面。

#### 5.3.5.1 提升人力资本规模与质量

现代职业教育投资与区域经济增长之间存在显著的正向关系,职业教育通过培养劳动者的职业技能、综合能力与价值观,促进地区人力资本的积累,进而促进区域经济发展。这不仅能提升个体的收入水平,还有助于缩小收入差距,促进社会公平。同时,现代职业教育为农村等欠发达地区的长远发展提供了人才支撑。职业教育聚焦技术人才培养,推动构建德、智、体、美、劳"五育并举"的人才培养模式,增强职业教育的体系化和协同性,促进人的全面发展,为共同富裕目标的实现提供人才支撑。

#### 5.3.5.2 促进产业结构合理化

现代职业教育以就业为导向,响应国家对产业发展的需求,通过校企合作有针对性地培养适应生产、服务和管理的专门人才,由此产生的就业促进效应有助于缩小收入差距和减轻地区的社会保障压力,激发区域产业结构调整的动力。职业教育能够促进新兴产业培育和专业性人才供给,通过产业结构的革新优化促进地区的经济发展,助力共同富裕目标的实现。

#### 5.3.5.3 助力乡村振兴，促进城乡协调发展

现代职业教育通过传授知识与技能，提高受教育者的收入，改变受教育者的生活方式，实现乡村振兴。这对于中西部地区尤为重要。长期以来，中西部地区作为劳动力的主要输出地，在现代教育体系下可能会更为明显地享受到职业教育发展与人力资本规模提升产生的成果。同时，现代职业教育通过提高农业供给体系的质量和效率，增加农民收入，促进现代农业实现可持续发展。现代职业教育体系突破城乡职业教育二元结构，为农村居民提供系统化、专业化的培训，提高技能水平和就业竞争力，促进劳动力资源的优化配置，实现城乡劳动力资源的共享，推动社会经济的可持续发展和全体人民的共同富裕。

#### 5.3.5.4 实现教育均衡与公平，增强凝聚力和向心力

高质量的现代职业教育通过满足不同群体多样化的教育需求，提高低收入群体的职业技能，增加低收入群体的就业能力和收入水平，实现教育服务的均衡与公平，助推实现共同富裕。同时，现代职业教育要落实立德树人的根本任务，培养德技并修的人才。这些人才投身技能报国、制造强国、科技兴国，是创造社会财富的主体，也是享受发展成果的主体，是实现共同富裕目标的中坚力量。

## 5.4 基于系统化治理的职业院校发展规划

职业院校的发展规划关系到职业教育的发展方向，职业教育与社会的发展紧密联系，政府部门需要制定发展规划来指导职业教育，而职业院校需要研究主管部门的规划与本校的实际情况，制定学校的发展规划并付诸实践。如何科学、有效、灵活地运用规划并实施，是发展职业教育时需要认真考虑的一个重要内容。从"规划"到"实际操作"，职业院校发展的规划需要从"政策文本"向"政

策执行"转化。然而，在实施过程中，我们常常会遇到教育规划失真、表面化、滞后等诸多问题。而且在实施过程中，由于缺少有效协作，各实施主体间资源互耗、运行独立，造成教育发展规划实施碎片化。因此，可以从职业院校发展计划实施的"碎片化"问题入手，利用"系统治理"理论的分析框架，为职业教育发展规划的实施提供思路。

### 5.4.1 职业院校发展规划执行的原则

#### 5.4.1.1 一致性原则

职业院校在发展规划执行时，需要对执行可行性进行充分论证，客观分析可能产生偏差的各种因素，在忠实执行原有发展规划的基础上，掌握"变"与"不变"、"量"与"质"以及"整体"与"部分"之间的辩证关系。在总体目标不变的情况下，因时而"变"地掌握发展规划的价值取向与目标要求，在静态中掌握动态变化情况、在增长数量中掌握质量提升的方法、在整体布局中掌握部分关键环节，真正实现职业院校发展规划在一定范围内可被灵活调整的重要目标。[1]

#### 5.4.1.2 本体性原则

职业院校在发展规划实施的过程中，要始终遵循"以人为本"的原则，强化发展计划实施的主体性和客体性存在、主体性联动和客体性协调相统一的基本原则，避免因专业教育中主客两个方面的协调能力不足而陷入"木桶效应"或者"铁链效应"的现实困境。

#### 5.4.1.3 联动性原则

在职业教育发展规划执行时，无论是哪种办学模式，都要强调职业院校本身的主体联动性。一方面，其可呈现出各个事物之间普遍性的联系；另一方面，可彰显出事物之间存在的主体对话与互动状态。

---

[1] 方绪军、王屹：《职业院校发展规划执行：从"碎片化"到"协同治理"》，《职教论坛》，2022（1）：16。

因此，职业院校不仅要遵循"校企合作""产教融合"的基本理念，还要强化实施主体间的辩证关系，发挥政府、企业、行业和其他社会团体的协同创新作用，多主体共建职业教育，打破"闭门造车"的职业教育思想囚笼。

### 5.4.2 职业院校的治理依据

职业院校的办学理念包含两个观点：第一，职业教育的实践性，必须适应社会发展的需要，注重实践能力的培养，注重技术和技能的应用。第二，职业教育培养的人才与市场岗位需求在层次和类型上要匹配。

由于目前职业院校的发展需求和特征与其他院校存在一定的差异，因此多数职业院校根据职业教育的特性，注重产教融合的模式，依托企业生产或仿真实训室开展教学活动，提倡"学中做""做中学"，注重教学过程的实践性、开放性和职业性。目前，国家也重视职业技能型人才培养，逐渐扩大职业院校的办学规模和办学层次。虽然目前很多职业院校本身的办学规模与普通中学、高校存在一定的差距，但是职业院校本身内部的交叉矛盾并不突出，各个主功能空间设计关系也并不复杂。因此，未来职业院校的发展将会朝着生师比、资金投入、建筑面积等方面进行。

职业院校的教师团队需要适应人才培养模式的改革需求，逐渐建立"双师型"教师资格认证体系，研究定制职业院校教师任职标准与准入制度；同时，学校内部也要逐渐建立职业技能鉴定机构，并提供相对应的训练场地、教室和培训办公场所，开展职业技能鉴定与培训等相关工作。

### 5.4.3 职业院校从文本规划转变为实践行动的治理困境

职业院校教育发展规划是一种群体的发展意愿和抉择，而不是个体的意志和行动。在时间、技术等资源的支持下，从"文本"规划向"执行"规划转变，使校园内的资源得以聚集。在发展规划实施的过程中，管理机构主要有两种，即教育机构和功能机构，它们是发展规划的直接实施者。但由于实施主体间缺乏有效的沟通、协调和监督机制，各部门之间的关系常常是松散的。

学校各部门在人员配置、职能范围等方面存在较大的独立性，在跨部门合作的情况下，往往存在相互推诿、责任界定模糊等问题，使得发展规划难以有效实施。各个部门的执行工作容易出现松懈，从而影响工作的进度和效率。因此，一些学者指出，学校在实施政策时，存在协调与监督机制"缺位"的情况，导致"政策形成"与"政策结果"之间存在不相关的"黑匣子"。作为一种"类型教育"，职业教育具有社会适应性，本身与社会发展存在一种天然的联系，而这种联系的纽带就是"产教融合"，这也是职业教育区别于普通教育的关键点。

### 5.4.4 职业院校发展规划执行的策略

#### 5.4.4.1 以政府为主导提高职业院校发展的认同度

学校本身和政府之间的关系是一种社会资源的"供给—需求"关系。如果两者对未来发展在理念与方向上存在一定的差异，就会导致现有职业院校本身的发展规划难以得到充足的资源供给。因此，需要政府发挥主导作用，为职业院校发展设计出科学的计划与方案。政府应引导职业院校积极参与总体发展计划，并把职业院校发展规划、建设理念、目标和内容纳入政府总体发展规划中。

#### 5.4.4.2 以政策为依据激发职业院校发展动能

一方面，需要职业院校合理利用教育政策工具。职业院校本身的发展规划是学校发展规划的内容，其具备多种特点，如任务复杂、内容汇集以及目标指向明确等。因此，需要进一步形成子计划，将抽象的政策文本转变为可执行的政策文本，明确发展目标、清晰任务内容、融合各项奖励、清楚各项责任，充分发挥政策执行主体的作用。

另一方面，需要对学校发展规划任务、指标进行解读与落实。职业院校的发展必须坚持"以人为本"的理念，尤其是在实施子规划的过程中，应从粗放式管理向精细化管理转变。通过专题座谈会、校长信箱、规划执行研讨会等方式，加强学校、部门、师生间的资讯交流，提高学校、部门、师生对规划的执行力，让所有师生都感受到发展规划的重要性、必要性，激发使命感，关注学校发展。

### 5.4.4.3 挖掘社会资源，强化校企合作

随着社会和区域经济的发展，特别是技术的不断革新，新的就业机会不断出现，人才队伍不断精炼，这对职业院校各种办学条件和管理体制建设提出了新的要求。在职业院校教育发展规划中，要充分发挥社会资源，加强产教结合，强化校企合作，打破"闭门造车"的发展模式。

一方面，职业院校"类型化"教育突出了职业院校教育与社会的辩证关系，职业院校教育发展规划实施要坚持开放办学的思想，加强校企合作；另一方面，要因时、因地在职业院校与社会生产之间搭建沟通桥梁，使职业院校与社会资源在供给端达到动态均衡，从而推动职业院校发展计划的真正落地。

# 6

# 共同富裕背景下职业院校推进校企战略联盟的路径

## 6.1 校企战略联盟及其意义

### 6.1.1 战略联盟的理论基础

#### 6.1.1.1 资源基础理论

1984年,伯格·沃纳菲尔特提出企业的资源基础论。资源基础论具体是指企业可以被看作一个资源的整合体,在这个大前提下,具体分析企业发展的长处。因为各个企业的情况不同,其拥有的资源也不相同,企业在竞争力上也表现出差异,归根到底,种类丰富的资源导致企业的竞争力存在差异。伯格·沃纳菲尔特的资源基础论认为多种因素影响了企业资源之间的融合模仿。企业在发展过程中的环境具有复杂性和多样性,同样,资源在获取和保持这方面也是复杂多变的。企业的资源在一定程度上是存在互相模仿关系的。资源基础理论认为这种关系在现实中被阻碍了,影响因素如下:首先是因果关系相对比较模糊。由于企业处于复杂多变的环境中,企业对资源的获取与利用是一个非常复杂的过程,从而使得它与资源相关活动的关系并不那么清晰。其次是渠道的依赖性。企业如果具备一些特有资源,而这些资源又未得到市场的认可或者接受,那么它的价值就是尚未被挖掘或者发现的,处于同一市场中的企业主体也因此未加以重视或者认可,并不愿意投入较大的成本去开发。然而，优秀的资源终究会被市场认可，市场以其自有的方式挖掘其价值，此时这个企业拥有的特有资源就会成为市场的稀缺资源而被各市场主体接受。但是，在各种因素的影响下，缺乏竞争力的企业就很难获得这些资源。最后是企业的模仿成本。在一般情况下，一个企业要对另一个企业进行模仿，必然要花费大量的时间成本和资金成本，如果这个成本超过了企业所承受的能力，那么企业有可能拖延时间，或者不再模仿，并有可能直接放弃该资源的开发和挖掘。

资源基础理论是企业发展的一个重要理论，它的意义在于能指导和帮助企业获得发展。企业本身的经营活动与市场是开放互联的，所以需要不断地向外界学习，吸取经验教训，获得新的知识与能力，并且要整合企业内部员工的知识和能力，壮大企业实力。因此，企业开展高质量的学习培训会使企业在竞争中获得优势资源，在社会上单打独斗的企业是很难获得发展资源的。

#### 6.1.1.2 能力理论

——核心能力理论

1990年，普拉哈拉德和哈默在《哈佛商业评论》上指出："就短期而言，公司产品的质量和性能决定了公司的竞争力。但就长期而言，起决定性作用的是造就和增强公司的核心能力。"[1]核心能力理论指出，企业在一定程度上是市场各种能力和力量的融合地，企业要保持长期稳定的发展，必然要依靠其特有的核心能力。企业只有通过长期积累和发展获得相应的核心能力，才能在市场发展中保持绝对优势，在激烈的竞争中立于不败之地。

——动态能力理论

美国管理学家R.D.Aveni在他的《超越竞争》这本书中介绍了动态能力理论，该理论从根本上诠释了企业创造价值的奥秘。他认为，企

---

[1] 彭聚珍、张明玉：《市场选择、经营模式与中国航空公司的国际竞争力》，《改革》，2014（11）：109。

业的动态能力是在市场竞争中通过对内外部资源进行不断地构建、调控和重组的一种具有相当弹性的能力。动态能力理论具体表现为三种特征，而这三种特征对企业发展具有重要意义。

一是开拓性。这是企业能力中最有能动性的动态能力，对企业的发展具有无可替代的作用，代表企业锐意进取和与时俱进的精神，并且企业的盈利项目大部分是对外的，这是企业与动态能力的融合。

二是开放性。企业的发展需要动态能力对外界信息具有高度敏锐性，对外界进行有效探索，并将企业内部所具有的优势能力与外部能力进行整合。

三是动态能力的特性是复杂且不容易被模仿的。培养动态能力需要在动态的环境下，但是在此种情况下很难找出动态能力产生的原因和发现企业的发展过程，因此企业所拥有的能力是难以被其他企业模仿的。

### 6.1.2 战略联盟与校企战略联盟

美国DEC公司总裁简·霍普兰德和管理学家罗杰·奈格尔最早提出了战略联盟概念。波特在《竞争优势》这本书中指出，企业间的长期合作是一种战略联盟，这种合作高于普通的市场交易但是又没有达到合并的程度。于1988年提出的企业战略联盟，是指在保有自己独立性的基础上，为了追求共同的目标实现利益最大化而进行合作的特殊关系。建立企业战略联盟是为了最大限度实现资源共享、优势互补，这种合作具有互相信任的特征。战略联盟也可以看作一种竞争性质的联盟，由实力较强、业务中有竞争关系的公司组成企业。

根据以上战略联盟的有关解释，可以发现组成战略联盟有以下几个特征：一是战略联盟下的战略性活动是两个或两个以上的组织根据自身需要进行的合作，内部成员在战略目标上具有相对一致性。二是战略联盟的合作是以资源互补的形式进行的，其内部成员之间在资源和能力方面要优势互补。三是战略联盟可以提高单一组织的实力，其内部成员在一定程度上相互促进、共同进步。

校企战略联盟中的"校"是指职业院校,"企"是指产业中的企业组织,"联盟"指的是为了不失去独立性而选择合作来提高实力的两个或两个以上的独立组织。我国常见的校企战略联盟形式有产学合作、产教融合、政教企联合体等形式。在国家大力发展职业教育的背景下,职业院校为了自身更好地发展而培养高精尖技能人才,跟上时代的发展潮流,会通过与企业合作来建立一种密切但又有一定独立性的关系。这种共享资源、共担风险、分享成果的长期合作战略关系,可以促进职业院校和企业之间的友好互动。①

### 6.1.3 校企战略联盟的构建选择

#### 6.1.3.1 职业教育校企合作与产教融合的现状

我国经济要实现升级,就要对职业教育提出更高的要求,职业教育办学的重要途径是校企合作与产教融合。职业教育产教融合工作逐步深入开展,为了促使校企双方合作与深度融合,除了本身进行积极的路径探索外,政府也出台了相应的政策和法规。可以说,在这个阶段我国职业教育校企合作、产教融合达到了历史巅峰。但是,目前由于校企合作、产业融合的发展起步较晚,基础较为薄弱,企业的积极性在职业教育办学中并没有得到很好的展现。原因主要有以下三点。

一是当前缺乏促进校企双方深度合作和融合的平台。目前校企合作的形式不丰富,订单班、专业共建、学生参与企业实习等是主要形式。合作效益不高的原因还有校企合作的单一性,校企之间的信息不流通、不能进行深度融合,企业需求和学校的培养目的不相符,以致人才出现供需不平衡等问题。

二是校企双方由于缺乏良好的合作机制,之前的尝试都停留在比较浅的层次,缺乏人员、理念以及组织内部的深入融合,没有实现产教的真正合作。

三是校企双方都有自己的利益考量,因此在双方的研讨过程中浪

---

① 叶子培:《校企战略联盟研究——基于职业教育发展困境的视角》,湖北工业大学硕士论文,2021:15。

费了大量的时间和资源,在博弈中又没有找到利益、信任以及社会效益的平衡点。学校和企业进行产教融合的困难在于平衡成本和收益,企业认为校企合作需要大量投入,学校亦难以进行"大刀阔斧"的商业化变革,校企合作若即若离。因此,要探索出一条符合校企双方利益的最佳道路,必须要坚定不移地继续深化产教融合。

#### 6.1.3.2 职业教育校企战略联盟的构建意义

职业院校面临的办学困境,可以借助校企战略联盟来破解。对于职业院校而言,校企战略联盟的构建意义可归纳为:解决因资源和能力不足而出现的难题、进行专业设置和调整的需要、形成自身办学特色的需要、促进地方经济发展的需要。[①]

除了资源愈发短缺,职业教育还面临着高职院校连续扩招的问题,以致资金、师资、硬件等问题逐渐凸显。专业技术课程与普通文化课程是紧密联系的,也是培养高素质技能人才所必需的,但是目前职业院校严重缺乏"双师型"教师,此类人才在就业市场也出现短缺。单靠职业院校来解决资源和能力等缺口问题是比较难的,而与企业组成校企战略联盟可以很好地弥补这一缺口,是实现资源共享、优势互补的良好途径。职业教育要想谋取自身的发展,必须形成具有职业教育特色的发展道路。职业院校和企业联盟,有利于学校把握企业对人才所需技能的需求,甚至预测技术发展方向,培养走在前端的技术人才,这对整个行业来说都是十分有意义的。校企战略联盟可以更好地了解区域经济发展的需要,贴近地方发展特色,为职业院校发挥作用提供平台和途径。

#### 6.1.3.3 职业教育发展的战略选择

解决目前职业教育发展困境十分有效的途径是基于产教深度融合的校企战略联盟。职业教育在市场经济体制改革的过程中面临"两个市场"的问题:一是需求市场,即这个市场中的许多职业院校会争夺

---

① 叶子培:《校企战略联盟研究——基于职业教育发展困境的视角》,湖北工业大学硕士论文,2021:28。

生源；另一个是供给市场，即学生毕业后面临的就业问题。对职业院校来说，就业率和就业质量十分重要。但从目前来说，职业院校的招生和就业只能依靠自身解决，政府只能宏观调控。"市场问题"成为职业教育要解决的头号难题。职业院校需要做出"市场性的回应"，来提高自身的综合实力，提高自己在需求市场的价值和在供给市场的竞争力。所以，对于职业院校来说，目前有利的选择是建立战略联盟，积极回应市场、实现教育目标，这也是职业院校主动"融入行业，参与市场"的最佳途径。在目前机会和挑战并存的发展阶段，职业院校通过校企战略联盟来提高实力是很好的选择。

第一，在战略联盟中可以实现资源共享、优势互补，使联盟双方快速、低成本互享资源，并在一定程度上巩固职业院校发展的资源基础，扩大职业院校的资源途径。

第二，校企战略联盟有利于联盟双方专注自己擅长的方向，将其他环节交给对方完成，并且在有限的时间里提高自身实力。职业教育与产业是密不可分的两个部分，它们相辅相成，如职业教育无法向产业输送优秀的技能人才，产业就需要耗费大量时间培养有关技术人才；如果产业无法为职业教育提供资源，教育就需要花费大量的时间来弥补这一短缺。

第三，为降低交易风险和费用而进行战略联盟，可以增加成员之间的信任度。合作双方在前期并不熟悉，处于博弈状态，这样往往会损耗时间和资源。为了促使校企双方相互信任，降低交易成本，双方应增进了解，共同商议规章制度，给双方带来足够的安全感。

第四，战略联盟内的成员可以根据自身的能力和资源优势进行调整和运用，从而避免水平低下的重复建设。通过联盟的形式将职业院校和企业联系起来，整合双方的能力和资源，可以大大提高院校和企业的影响力和竞争力。

### 6.1.4 职业教育校企战略联盟的体系构建

当前职业教育在发展的过程中面临的困境相对较多，造成这些困境的原因各不相同。校企战略联盟对于推动职业教育高质量发展具有积极意义。资源理论、供应需求理论、职业教育人才的培育和职业教育人员的使命担当,这四个层面对校企战略联盟体系的发展与形成具有正向的影响。校企战略联盟也可以当作校企合作的一种形式,只不过更深入、更具体。

6.1.4.1 依托资源能力理论构建校企战略联盟

将资源能力理论作为校企战略联盟构建的基础,意味着对有限的资源进行优化,使之再生,以达到资源合理利用的目的。

——职业院校与企业的资源能力与特征

职业院校和企业在资源能力方面拥有不同的特点,因为两者属于不同的组织形式。资源可以分成两大类:第一类就是能看得到的有形资源,第二类是看不到的无形资源(包括人力资源)。职业院校的有形资源主要是指学校相关的教学物资,即教学设施、教学场地、教学设备等;职业院校相关的无形资源有科研成果、校园文化以及技术等,而我们所提及的人力资源,是指职业院校内的教师资源以及学生资源。在企业方面,企业有形资源是指企业在生产过程中所使用的生产设备和物资等,而企业的无形资源是指企业在发展运营过程中的口碑、品牌影响、企业文化以及相关的运营经验等。企业的人力资源是指企业职工自身的知识、能力与技能,以及为企业提供的相关服务。职业院校在能力方面主要体现为合理运用自身资源、向社会输送职业性人才,这些职业性人才拥有高素质、高技能,对于推进我国社会结构转型、工业技术的升级,助力实现共同富裕目标具有重要作用。企业的能力主要体现在合理运用自身资源、获得相应的报酬和利益,并通过税收形式回报社会与国家。

职业院校与企业两者的资源能力与特征既相似又有不同,二者的相似性为战略联盟的构建提供了可能,二者的不同又给战略联盟的双方提供了取长补短的空间。

——校企战略联盟资源共享体系的构成

校企战略联盟的特征之一是资源的相互流动与利用,这也是联盟成立的基本目的之一，即利用最低廉的成本，实现价值与资源的最大化。构建校企战略联盟资源的共享体系，必须注意以下几个方面。

第一，整理分析职业院校与企业双方的资源数据，并进行整合，制订相关的资源流通共享计划，让资源在校企战略联盟中流动。资源共享体系的建立是为了实现资源的合理运用，提高资源的利用效率。要建立校企战略联盟共享体系，就必须制订全面完善的资源共享计划。计划的制订需要职业院校与企业双方共同努力、相互配合。在这个过程中，职业院校方和企业方都要尊重彼此的利益需求，共同建立资源共享体系。

第二，明确划分资源共享主体的责任。职业院校和企业需要对自身的定位有清晰的认识，只有这样，校企战略联盟的目标、内容以及共建形式与方向才能确定，资源才能共享。在建立资源共享体系时，职业院校需要注意发挥自身的主体作用，企业也需要展现自身技术等优势，双方积极参与，合力建成资源共享体系。

第三，资源共享体系的评价体系。职业院校与企业战略联盟的目的是资源的共享与利用，建立联盟体系需要耗费大量的人力、物力与财力，内部资源种类越丰富多样，资源体系背后的工作机制就越复杂，所以建立评价体系非常有必要。评价体系需要对校企战略联盟中的资源共享情况进行评价、分析，根据结果对资源共享体系作出调整，以确保资源共享的质量。

——建立校企战略联盟资源再生体系

职业院校与企业建立战略联盟，可以实现资源的充分利用与共享，提升资源的利用效率。众所周知，资源的总数是固定的，将现有资源发挥出最大价值，是校企战略联盟的目标。在生物学意义上，再生是指一个生物体将原本失去的生物结构进行自我修复新生的过程。在本书中，再生是指校企战略联盟资源的再生，详细地说，就是职业院校与企业将资源通过战略联盟的运营和操作，使再生资源与原资源相比体量和质量都更优，在推动职业院校和企业发展的战略上更加具有价值。

在校企战略联盟中,属于可再生资源的主要是无形资源,如知识、技术、人力资源等。无形资源拥有一个明显的特点,就是其数量不会因为共享而变少。这种资源的存在是没有实体的,不会因为资源的往来而出现价值变化。相反,这种以知识技术为核心的无形资源,在使用中会得到不断创新发展。人力资源再生性最突出的特点,就是其在战略联盟中可以充分得到开发和利用,提高对联盟的贡献率。职业院校与企业的联盟资源再生体系,可以看作对资源的进一步开发,是资源再生体系的进一步发展。基于校企战略联盟基础进行的资源再生,可以进一步扩大资源的数量,深化资源的内容。建立联盟再生系统,一方面需要注意资源的流动,而资源的不断流动可以强化资源的共生性;另一方面,需要注意寻求资源再生的途径与方式,简单的资源流通无法满足资源再生的条件,必须在资源流通中对资源进行加工处理,才能达到资源再生的目的。

怎样将资源盘活、让资源流通,这是一个值得思考的问题。首先,要合理利用资源,不能将资源闲置。资源的存在有其存在的价值,将资源闲置,不加以利用,就是变相地浪费资源。在职业院校与企业战略联盟中,资源被使用的范围被拓宽,其在联盟中的利用就会很充分。其次,需要注意分析人力资源的特性,发挥人力资源的主观能动性,推动资源的交流共享,为战略联盟提供更多的价值。校企战略联盟所发挥的价值相较于普通模式更大,并且个人还能得到更多的工作与学习机会。在资源流通的过程中,要提升资源的额外价值,就必须关注资源的特点,对校企双方的资源有充分细致的了解。最后,应在战略联盟中不断摸索,准确把握校企战略联盟的规律,不断进行改革创新。

#### 6.1.4.2 供求理论下的校企战略联盟构建

在供求理论中,部分理论拥护者坚定地认为,商品供应量的多少是由商品生产一方决定的,消费的一方决定了商品需求的多少,需求量直接影响商品的供应量。在人才资源上,职业院校可以看作供应方,向社会输送人才，而企业则可以被看作需求方。当前社会产生职业技能人才供应不平衡的主要原因，是职业院校与企业之间没有建立密切的关系，双方被局限于各自领域，自我吸收、自我消化，很难产生交集。在这种情况下，就容易产生不平衡的现象。职业院校和企业各自掌握自己领域的技术与知识，供应与需求关系是复杂的。在职业院校的发展过程中，行业中新技术的革新速度快，职业院校很难与之同步，导致职业技术人才的培养与企业的需求不匹配或者错位。

依托供求理论建立校企战略联盟，首先需要加强双方信息的交流沟通。双方的信息共通，能够拉近企业与职业院校之间的距离，使信息往来变得更加迅速，提高双方的沟通效率。其次，将重点放在创新上，职业院校与企业共同合作，不断探究，努力创新，找准产业发展的关键点，尽可能地发挥职业教育的最大价值。最后，两者需要正视双方的竞争，寻找双方的个性与共性，通过建立校企战略联盟，提高职业院校与企业双方的竞争力，使双方都获得最大的竞争优势。

——加强信息互通

职业院校与企业进行信息交流时，信息传递之间存在时间差，双方由于存在竞争关系，会做出相应的知识保护行为。职业院校与企业之间有一道高高的信息保护围墙，严重影响了信息的交流与共享，导致职业院校的教学效率很低，技术性人才的质量与数量得不到保障。职业教育的功能也体现在技能人才培养和服务地方上。在传统模式下，企业生产岗位和资源总量过剩，但职业技能人才和技术又相对短缺，其根本原因在于信息流通不畅。人才和技术供应方的职业院校与需求方的企业掌握的相关信息不匹配，导致供应与需求结构不平衡。当前情况下，校企信息传递的阻碍有以下几种：

第一，信息本身较少，如针对一些新兴的企业，职业院校掌握的相关专业信息较少且不全面。

第二，信息过分繁多且冗杂，信息的准确性与质量不高，很难从中获取到有价值的信息。

第三，信息趋同，企业与职业院校获取的信息来源相同。在这种情况下，信息比较混乱，大部分有用的信息被应用在某一方面，而不能实现共享。

建立职业院校与企业的战略联盟，相当于建立一个信息共享的共同体。在战略联盟中，企业与职业院校能够进行有效的信息交换，清除传统的信息交换屏障，扫除一切信息流通交换的障碍。而在以往的信息交流中，职业院校与企业之间是很难直接对话交流的，双方大多通过传统的媒介进行沟通与交流。成立校企战略联盟，将此前以传统媒介作为传播手段的交流方式变成直接的交流模式，缩短信息传播上的时间差，打破传统的信息保护壁垒。信息流动共通又分多种，有知识信息技术的流动共通、市场信息的流动共通以及政策信息的流动共通等。知识、信息、技术可以说是职业院校与企业战略联盟之间最重要的流动共通内容。职业院校培养职业技能人才离不开知识、信息、技术，企业发展生产也需要知识、信息、技术的支撑，这种流动共通机制可以让职业院校中的知识、信息、技术迅速转化为生产力。同时，企业在生产中变革技术，对人才提出新的要求，也可以及时影响职业院校的教育教学活动，提高职业院校的教学效率，推进人才供需平衡。供应与需求曲线能够敏锐地感知市场信息的流动与变化，职业院校的人才供给处于一个长期发展的过程，并且受相关政策与制度的限制，不能快速地对市场信息做出响应。在这种情况下，就会产生在人力资源上的供应与需求不平衡，导致产业出现人才资源过剩或者短缺的局面。市场信息的流动共通，能够将相关信息准确快速地传递至职业院校，职业院校及时对课程设置进行调整，对资源进行合理分配。

不论是企业的发展还是职业院校的创办，都需要以政府的政策为依据。政府相关部门制定相应的政策，对企业与职业院校进行引导，政策信息的流动共通显得非常重要。职业院校和企业对关乎自身发展的政策更为关注，而忽视其他政策。政策的流动共通就是让企业与职业院校双方都能更加完整地获取并领会有关政策的内容，然后利用这些政策推进双方共同发展。建立信息流动共通体的最主要目的就是缩短信息传递上的时间差，打破信息保护壁垒，增加双方的交流与互动。

——建立供应与需求双方创新协作的共同体

创新协作的共同体需要进行资源创新,在发展的过程中进行协作,打破阻碍与屏障,激发双方的创新活力,推动双方朝着既定目标高质量发展。职业院校与企业在创新上有不同的偏向。职业院校的创新主要是偏向于知识创新,而企业的创新则是更多偏向应用层面。所以,可以将职业教育与企业两者的创新相结合。知识不能只停留在课本上,需要应用到生产实践中来,这样才能提高技术水平,服务社会。

职业院校和企业之间缺乏沟通,各自为政,在很大程度上造成了资源的浪费。校企战略联盟创新协同体将重点放在创新层面,集中力量补齐创新的短板,整合相关资源,提高创新能力,在校企战略联盟之间建立良好的创新体系与机制。以校企战略联盟为协同平台,企业与职业院校双方可以实现创新成果的有效转化,提高校企战略联盟的整体创新水平,推动职业院校与企业共同发展。

——构建供需双方竞争共同体

"共同体"的概念是由卢梭首先提出的,即"共同体"是由若干个人或国家组成的集体组织。这里所说的"竞争共同体",是指职业院校和企业根据各自的竞争环境,为获得竞争优势、获得"市场地位"而组成的战略联盟共同体。建立校企战略联盟的一个重要目标是提高校企双方的竞争力,最主要的任务是评估当前的环境。职业院校与企业在各个领域都具有竞争性,如何在竞争中"崭露头角",获取更多的发展资源,是当前职业院校必须思考的问题。

## 6.2 基于共同富裕目标的校企战略联盟推进路径

校企战略联盟在共同富裕目标实现的过程中发挥着重要作用,通过促进教育与产业的深度融合,推动技术创新和产业升级,优化产业结构布局,提升经济循环效率,缩小城乡差距,促进基本公共服务均等化以及激发创新活力和市场主体活力,为实现共同富裕目标提供有力支持。校企战略联盟要更好地服务共同富裕目标,就要确立其基本的构建基础、运行机制与评价模式，形成行之有效的系统实施方案。

### 6.2.1 职业教育校企战略联盟助力共同富裕

职业教育校企战略联盟在助力共同富裕方面的重要作用，具体体现在通过培养技术技能人才、服务产业兴旺与乡村振兴、稳定就业与促进创业、政策支持与产教融合，以及作为共同富裕的文化塑造者等方面。这些为实现共同富裕提供了坚实的基础和强劲的动力。

#### 6.2.1.1 培养技术技能人才

职业教育校企战略联盟通过培养大量合格和卓越的技术技能型人才助推共同富裕目标的实现。这些技能型人才作为产业发展的主力军，是国家经济建设、人才强国建设、科技强国建设的重要突破口。职业教育校企战略联盟需要坚持产教融合、校企合作，推动形成产教良性互动、校企优势互补的发展格局。这意味着职业院校要与企业、区域发展深度合作，共同制订人才培养方案、开展教学活动、评价学习成果，实现产教深度融合。职业教育的专业设置要紧密结合欠发达地区的产业需求，及时进行调整和优化，提出前瞻性和适应性目标，确保职业教育的专业设置能够满足新质生产力发展的需求。在技术性、实践性较强的专业，全面推行现代学徒制和企业新型学徒制，推动学校招生与企业招工相衔接，实现校企育人"双重主体"，学生学徒"双重身份"。支持发达地区企业技术和管理人才到相关职业院校任教，鼓励有条件的地方探索产业教师（导师）特设岗位计划。推动职业教育校企战略联盟合作建设"双师型"教师培养培训基地，为当地培养一批优质的"双师型"教师。鼓励职业教育校企战略联盟针对欠发达地区的实际情况开发优质教育资源，大力支持"互联网+教育培训"，充分利用好现代信息技术和优质职业院校的资源，联合培养高技能人才，如布局教育专网、建立数字校园、开发数字化教学资源、打造数字化知识图谱、强化数字素养实践中心和实训平台建设、创新教育教学场景、增强教学互动性和个性化，以及提升技术技能人才的数字实践能力、职业素养和"双创"素质。

职业教育高质量发展是共同富裕目标实现的重要基础，主要体现在技能型人才的数量与质量上。数量主要是指职业院校的数量以及职业院校的办学规模；质量则体现在职业院校的设备供给、师资队伍的教学水平、学生的技术精细水平以及学生的职业素养方面。推进校企合作、深化产教融合，可为职业院校培养适合时代发展需要的技术技能人才提供动力。数量与质量共同建设，将职业院校学生培养成合格的技能型人才，进而成为大国工匠、能工巧匠，有助于欠发达地区的产业发展，同时也为进一步解决重大核心技术问题、突破国家技术的瓶颈，提供人才储备。

#### 6.2.1.2 服务产业兴旺与乡村振兴

职业教育校企战略联盟具有提高生产能力的功能，在服务乡村产业的过程中可以通过生产工艺改进和生产技术创新来提高乡村劳动生产率，带动产业转型升级。具体表现为：第一，改造传统农业，加强现代农业技术的推广和应用。第二，深化产教融合，具体包括人才培养目标、课程建设和教学模式对接地方龙头产业企业；主动进行专业改造，构建现代农业发展需要的涉农专业群；促进农科教结合，建立以绿色农业为特征的农业职业教育示范基地。第三，实施"文化兴农"。职业教育依托产业发展充分发挥文化传承的功能，赋能乡村文化振兴。在信息社会，培养创新型人才、追求现代科学精神等成为职业教育进行文化传承与创新的新起点和新境界，也凸显出职业教育赋能乡村社会发展的独特功能和价值。

职业教育在提供大量技术人才的同时也可以优化农村经济结构，为农村产业升级储备人力资源和智力成本，将潜在的、孤立的技术转化为现实生产力，协调产业结构，提高生产效率，充分发挥技术创新的优化效应。同时，职业教育可以通过培训大量现代化的新型职业农民，提高乡村治理能力，帮助乡村进行合理规划，优化乡村的产业结构，促进资源产业化、品牌化，助力建设生态宜居的美丽乡村，提升农村人民的幸福感，从而实现乡村的可持续发展。2021年，中共中央办公厅、国务院办公厅印发了《关于推动现代职业教育高质量发展的意见》，指出要围绕国家重大战略，紧密对接产业升级和技术变革趋势，优先发展先进制造、新能源、新材料、现代农业、现代信息技术、生物技术、人工智能等产业需要的一批新兴专业，加快建设学前、护理、康养、家政等一批人才紧缺的专业，改造升级钢铁冶金、化工医药、建筑工程、轻纺制造等一批传统专业，撤并淘汰供给过剩、就业率低、职业岗位消失的专业，鼓励学校开设更多紧缺的、符合市场需求的专业，形成紧密对接产业链、创新链的专业体系。优化区域资源配置，推进部省共建职业教育创新发展高地，持续深化职业教育东西部协作。启动实施技能型社会职业教育体系建设地方试点，支持办好面向农村的职业教育，强化校地合作、育训结合，加快培养乡村振兴人才，鼓励更多农民、返乡农民工接受职业教育。

该文件明确提出要推动现代职业教育高质量发展，坚持产教融合、校企合作，推动形成产教良性互动、校企优势互补的发展格局。政策还鼓励上市公司、行业龙头企业举办职业教育，鼓励职业学校与社会资本合作共建职业教育基础设施、实训基地，共建共享公共实训基地。校企战略联盟应理清农村等欠发达地区职业教育办学的思路，在专业设置上既要考虑当地的情况，发展具有当地特色的专业，也要根据国家政策导向设置新兴专业和国家紧缺专业；优化资源配置，建立优质的教学实训基地和产业技术孵化基地，加强区域互动。在服务乡村振兴的过程中，校企战略联盟应以实现共同富裕目标为主要目的，结合农村实际情况与国家发展规划，既要服务地方产业发展，又要契合国家战略需要。盲目发展产业或者发展淘汰产业实际上是走向另一种贫困，与共同富裕的目标和理念是完全相悖的。

#### 6.2.1.3 稳定就业与促进创业

职业教育在助力共同富裕的过程中，主要通过稳定就业和促进创业两个方面发挥作用，校企战略联盟在这方面就有非常好的体现。职业教育和培训的课程建设以校企模块化为方向，以市场需求为导向，通过调整培训课程比例并在职业院校开设系列与战略性新兴产业相关的专业，有利于保障稳定就业，实现高质量就业。职业教育以实践技能的操作为本体，培养学生的创新意识和创业精神，不断提升他们的创业素质和创业技能，使他们达到技能成才、技能致富的目的。企业参与职业教育，可以为职业教育学生提供实训和就业的机会，引导技能人才创新发展。校企战略联盟根据市场需求调整专业设置和课程内容，提高人才培养与岗位要求的适应性，从而保障稳定就业。例如，通过开设与战略性新兴产业相关的专业或者具有当地特色的专业，优化产业结构，实现高质量就业。

职业教育可以通过开设创业教育课程，提升学生的创业素质和创业技能，以创业促就业。职业教育以实践技能操作为本体，加强"双师型"教师队伍的建设，紧密结合创新驱动发展战略，营造"大众创业、万众创新"的社会氛围。校企战略联盟还应与政府合作搭建创业平台，通过与产业园区合作，打造产教融合新型载体，如市域产教联合体和行业产教融合共同体，为学生提供创新创业的平台和机会。

综上所述，校企战略联盟通过职业教育与产业需求的紧密结合，可以提高劳动者的技能水平，推动就业和创业，为实现共同富裕目标提供了坚实的人才和技术支持。

#### 6.2.1.4 职业教育在实现共同富裕目标方面的文化塑造功能

职业教育不仅注重对学生知识、技术、技能的培养，还通过思想、精神、文化的熏陶，坚定技术技能人才的文化自信，实现物质生活和精神生活的"共同富裕"。职业教育通过培养高素质技术技能人才，满足欠发达地区传统产业转型升级和新兴产业发展的需求，提高欠发达地区劳动者的生产技能水平，有效解决产业发展的人才供需不平衡的问题，缩小地区差距。职业教育在人才培养过程中大力弘扬、研究与践行以劳模精神、劳动精神、工匠精神为核心的职业精神，为精神富裕提供更多源头活水，使高技能人才在长期从事职业过程中形成良好的个性品格与行为规范，提升高技能人才的发展能力，生成催人上进的精神动力与踔厉奋发的精神能量，进一步丰富与发展社会主义精神文明。职业教育通过在农村等欠发达地区提供优质教育资源，实现教育机会的均等化，通过"扶智"阻断贫困代际传递。同时，通过培训来培育大量现代化的新型职业农民，提高乡村治理能力，帮助乡村进行合理规划，优化乡村的产业结构，促进资源产业化、品牌化，助力建设生态宜居的美丽乡村，提升农村人民的幸福感，从而实现乡村的可持续发展。

职业教育以人民为中心、以立德树人为根本任务，通过满足农村等欠发达地区人民群众多样化、多层次、多方面的精神文化需求，提高劳动者的整体素质和社会文明程度，弘扬劳动光荣、技能宝贵、创造伟大的价值理念，为物质生活富裕提供价值导向、精神动力和智力支持。同时，也注重引导劳动者树立正确的思想观念，实现文化和精神的生活的共富。

### 6.2.2 基于共同富裕目标的校企战略联盟推进路径

职业院校与企业之间的差异较大，在共同搭建的战略联盟及其运行过程中可能产生分歧。职业院校旨在宣扬、改革创新相关技术。而在绝大多数企业看来，知识、技术只是一种帮助劳动者谋取利益的工具和手段，助力共同富裕要在盈利的前提下进行。职业院校与企业对待知识技术、共同富裕的态度不同，这也是二者产生分歧的根源。二者建立战略联盟是为了实现共同富裕的目标，而它们所处的环境是瞬息万变的，存在许多不稳定因素，这在一定程度上加剧了战略联盟的不稳定性。所以，其发展过程中自然也面临各种各样的难题。综合而言，要实现校企战略联盟成功构建和高效运行，可以实行以下三个方面的策略。

#### 6.2.2.1 校企战略联盟服务共同富裕的基础
——获得校企战略联盟支持

校企战略联盟的成功构建并助力共同富裕目标的实现，不仅需要

# 职业教育助力共同富裕的内在逻辑与行动路向
## ——基于浙江省山区 6 县市的调研

学校和企业齐头并进，还需要获得外部的支持和拥护，包括政府和社会两方面。政府的支持主要包括资金支持、政策方针支持等。其中，政策和资金方面的支持可以帮助战略联盟获得更加丰富的资源，社会的支持更多的是精神上的认同。

第一，政府的支持。

校企战略联盟在助力共同富裕的过程中，必然遇到资金、实施等方面的问题，政府的支持必不可少，主要包括两方面：一方面是出台相关政策，另一方面是赋予联盟一定的权利。国家逐步出台了相关文件，通过制定支持政策文件，形成"金融+财政+土地+信用"组合式激励方式，支持经济欠发达地方出台符合本地实际的政策；加大金融政策扶持力度，鼓励银行机构支持校企战略联盟项目和产教融合型企业发展。2014 年，国务院颁布《关于加快发展现代职业教育的决定》和《现代职业教育体系建设规划（2014—2020 年）》，提出要"加速现代职业教育体系改革与发展，深化产教融合、校企合作"。2019 年颁布的《国家职业教育改革实施方案》和《国家产教融合建设试点实施方案》也重点强调了企业在职业教育中的重要作用。同时，国家还出台了许多资金方面的政策，如 2023 年 6 月出台的《职业教育产教融合赋能提升行动实施方案（2023—2025 年）》指出，国家发展改革委要加大向金融机构推荐职业教育产教融合中长期贷款项目的力度，鼓励银行机构按照"风险可控、商业可持续性"的原则支持产教融合项目和产教融合型企业发展；引导保险机构开发产教融合相关保险产品；支持符合条件的产教融合型企业上市融资，支持符合条件的企业发行社会领域产业专项债券，重点用于实训基地建设。在优化产教融合模式上，提出支持有条件的产业园区和职业院校、普通高校合作举办混合所有制分校或产业学院；支持和规范社会力量兴办职业教育，通过企业资本投入、社会资本投入等多种方式推进职业院校股份制、混合所有制改革；允许企业以资本、技术、管理等要素依法参与办学并享有相应权利。另外，还明确要打造产教融合新型载体，打造以产业园区为基础的市域产教融合联合体，在重点行业和领域打造行业产教融合共同体，发挥职教集团（联盟）、市域产教融合联合体、产教融合共同体的作用，提高人才培养质量，拓宽就业渠道。

这些政策极大地激发和促进了企业与职业院校建立战略合作的积极性。与此同时，政府还要充分发挥其宏观上的指导作用和微观上的干预作用，在给职业教育充分发展空间的同时，要确保其发展方向正确，充分展现活力，为共同富裕目标的实现提供智力支持。

第二，社会的支持。

基于共同富裕目标的职业院校办学将更加社会化，主要体现在两方面：一方面是在招收学生的类型上，不再拘泥于高中生层面，还包括退役军人、失业人员、农民工等广泛人群；另一方面是社会更多地参与职业教育，如提供一定的资金支持，让一些社会组织加入或举办职业教育活动等。职业教育和社会的连接越来越紧密，企业和社会密不可分，校企战略联盟的成功构建离不开社会的支持和拥护。社会的支持源于对职业院校的真正理解，校企战略联盟并不具有完全的商业性质。企业的发展也离不开社会的支持，在政府提供的支持十分有限的前提下，社会可以选择支持校企战略联盟所生产的产品与相关的服务。虽然来自社会的支持不是校企战略联盟创建的前提条件或必需条件，但社会持续不断的支持，将会吸引越来越多的社会力量参与其中，为职业教育的发展添砖加瓦，以形成合力，推动共同富裕目标的实现。

——挑选合适的校企战略联盟合作伙伴

校企战略联盟还需要挑选正确的合作伙伴。职业院校应立足农村等欠发达地区经济发展的实际，坚持"以科研强实力、以服务树品牌"的科技创新与服务发展理念，创新科技载体，拓宽服务渠道，构建科研发展新格局，提高服务发展贡献度，促进校企战略联盟共同体高质量发展。职业院校应根据战略联盟的特征及欠发达地区的实际状况，挑选合适的校企战略联盟合作伙伴，具体可以参考以下标准。

第一，根据当地的具体情况选择合适的合作伙伴。职业院校在创办时基本上就带有当地的特征和特色，与本地的经济发展有紧密的联系，对当地的经济发展起到了积极的推动作用。职业院校中的学生大多数来源于本地，在毕业后多数会选择留在家乡工作，因此职业院校应根据本地的特征去选择合适的合作伙伴。如浙江商业职业技术学院依托自身的职业教育办学优势，以高质量的职业教育主动融入乡村社会经济发展，情系"三农"、跨越山海，助力乡村振兴。学校与四川省甘孜州稻城县人民政府签订战略合作协议，选派教师赴四川甘孜州稻城县，结合当地旅游资源开发、旅游服务供给等进行调研，开展旅游讲解志愿者培训等"扶智"共富服务；就"圣洁甘孜"民宿等级评选标准问题，与稻城当地民宿主举行评价规范、标准解读专题座谈会，对评价内容和评分标准进行了剖析和阐释；对稻城星级乡村酒店、"圣洁甘孜"民宿的培育提出了具体的要求，并对"圣洁甘孜"民宿等级评定标准做了调整和完善，制定更加符合稻城县住宿业现状的旅游民宿等级评定标准，方便当地民宿主对标落实。

第二，根据相关产业的具体要求挑选合适伙伴。职业院校可以与专业对口的优秀企业建立合作关系，实现强强结合。而职业院校相对普通的专业，可以通过建立校企战略联盟来进行优化，借助企业平台和资源来改进。在某一产业中相对能力较弱的企业，则可以选择与该专业相对优秀的学校合作，依靠职业院校的知识、技术和人才资源来进行提升。这虽然算不上强强结合，但可以帮助发展相对滞后的企业实现优化、提升和更好地发展，职业院校也是如此。当然，能力较差的一方要适当放权，这样才能使战略联盟更加牢固，实现双方各取所需，共同发展进步。

第三，根据战略联盟所包含的文化价值和倾向来挑选合作伙伴。职业院校在选择合作伙伴的时候，可以首先选择那些有教育理想的企业，也就是这些企业愿意参与创办学校，与职业院校有相同的教学理念，并试图将这些理念融入自身的发展之中。在此前提下，挑选志同道合的合作伙伴，可以大大降低彼此之间的运作成本。文化价值理念相似的院校和企业在行事作风、思想观念和价值理念十分相近，所以在战略联盟建立和运营过程中，双方的合作会更加轻松愉悦，效率也会大大提升。

三条挑选合作伙伴的路径都是有据可循的,但也存在一定的缺陷。比如,有的地方拥有的资源是有限的,尤其是一些经济发展较为迟缓的地区,存在发展动力不足的问题。通过某个行业来挑选合作伙伴,所涉及的专业比较有限,涉及范围十分狭隘。用组织文化价值来挑选合作伙伴,所存在的客观性比较弱,主观性较强。所以,职业院校在挑选校企战略联盟合作伙伴的时候,要认真结合自身的需要,以优化办学,高效地服务地方经济,助力共同富裕目标的实现。

#### 6.2.2.2 设置校企战略联盟的管理规则

在校企战略联盟建立之初,职业院校和企业都要明确自己所处的位置,要始终以联盟为中心,双方齐头并进,避免因发展方向不同而产生摩擦,从而造成不必要的资源浪费。校企双方要设置相应的管理规则,对战略联盟双方实行一定的管制,保证战略联盟的持续高效运行。

——明确二者在校企战略联盟中的位置和目标

在校企战略联盟中,职业院校和企业双方依旧是独立存在的,所以在建立战略联盟之初,二者要明确双方在这一组织中所处的位置和各自的组织目标,既确保双方的相对独立性,又使双方能朝着共同的目标奋进。

校企战略联盟的建立,有利于有效应对职业教育助力共同富裕过程中遇到的各种难题。职业院校在校企战略联盟中是人才培育的一方,可以借助企业的力量提升自身教育质量,了解市场需要,和企业一起实现相关技术的转化。企业参与组建校企战略联盟的主要目的包括以下三点:第一是减少成本,提高生产效益。第二是拓展本身的参与领域。第三是获得社会认同,增强社会责任感。企业在战略联盟中处于辅助地位,是人才和科研技术的吸收者,并通过职业院校的力量来扩展自身的人才储备,保证技术人才的稳定性。同时,企业可以通过职业院校的科研和相关技术的改革创新来降低科研创新所需要的资金和人力,发掘自身可能存在的教育资源,拓展技术研发领域,取得更好的社会效益。

战略联盟双方不仅要明确自身所处的位置和想要实现的目标,还要明确应当达到的共同目标。明确共同目标有助于避免战略联盟运行过程中产生不必要的争议,可以使双方实现共赢。

——共同设置校企战略联盟的管理规则

校企战略联盟作为一个组织,不可避免地存在成员之间不信任、没有默契和伙伴关系淡漠的情况,这会直接导致成员之间进行合作时容易激发矛盾或产生分歧,从而导致合作项目停滞不前。所以,设置相关的管理规则和制度就显得十分必要。职业院校和企业在合作之初就应当有明确的项目方案和合作协议,双方应充分沟通并达成一致后签署合作协议,使彼此双方的合法权益得到保障。在项目实施过程中,合作各方应依据协议进行项目实施,做好过程管理,记录实施情况。有关行业指导委员会(简称"行指委")应做好对项目实施的监督指导,推动合作各方履行合作协议,明确责权利。校企战略联盟也可以尝试建立校企合作理事会,形成政府宏观调控、理事会主导、系部与企业共同实施的管理体制。

校企战略联盟双方都具有相对的独立性,并不是融合为一个整体。在签订合作协议时,应当包括战略联盟运营过程中产生矛盾时的解决方案、人力等资源的投入占比、收益分配规则等内容。双方进行的合作应该有据可依,双方对于自身所拥有的权利、责任和应当履行的义务都应清楚明白。同时,职业院校和企业之间应当构建彼此信任的友好伙伴关系,实现双方共赢。

——对校企战略联盟设置合理的绩效评估

基于共同富裕目标的校企战略联盟绩效评估是一个复杂的过程,涉及多个维度和利益相关者。校企战略联盟的服务对象是农村等欠发达地区的教育事业,带有一定的公益性质,所以很容易在投入、获取效益所占比例以及成果分配上产生分歧。因此,应当设立合理的绩效评估准则,对战略联盟中的相关环节进行详细记录,使双方都能朝着共同的目标努力奋斗。

校企联盟的绩效评估可以分为两个方面:一方面是进行整体评估,

审核战略联盟的构建是否能够取得预期效益；另一方面是对组织中的各个成员进行绩效评估，记录评价每一个成员的付出，打击组织成员的偷奸耍滑行为，奖励作出重大贡献的成员，在行业或者领域营造良性的竞争氛围。绩效评估要从学校管理角度、企业运营角度以及综合评价角度进行评价。学校管理角度关注企业的配合程度、人才培养与科学研究等方面的成果；企业运营角度关注企业投入成本和产出效益；综合评价角度则结合前两者的评价结果进行综合考量。战略联盟在分配成果时，包括两种分配方法：一种是根据合作协议的规定进行分配；另一种是按照个人贡献进行分配。

总的来说，绩效评估是对校企战略联盟的整体评价，主要考查职业院校和企业双方在增加可利用的资源、促进科研技术的改革创新、增加人才培养的数量和质量、提高竞争力等方面的情况，以及在服务欠发达地区的过程中，是否产生良好的社会影响力。绩效评估还要对战略联盟中的个体成员进行评估，以提升成员的获得感和幸福感。对个体的绩效评估主要包括投入和产出两项，用数字将每一个项目成果的个人贡献占比标示并进行公开，鼓励表现优异的成员，树立榜样，激励其他成员，促进组织整体进步。

#### 6.2.2.3 基于共同富裕目标的校企战略联盟发展策略

校企战略联盟相较于其他形式的合作，所需要的财力、人力和相关资源更多。因此，职业院校和企业要想从战略联盟中获得更多收益，助力共同富裕目标的实现，就要努力保持校企战略联盟长远稳定地运行。具体而言，要实现校企战略联盟的良性发展，可以从以下几个方面进行。

——发展核心优势，提升自身吸引力

校企战略联盟要想长久稳定地发展，首先必须增强双方的吸附能力。校企战略联盟基于双方的共同利益和目标而建立，本身的稳定性就不是很高。相对于企业而言，离开职业院校所供给的产品和服务，企业也是可以正常运行的，反之亦然。因此，职业院校和企业在各自发展过程中都应凭借这种核心优势彼此吸引，慢慢形成"你中有我、我中有你"的互惠互利局面。

——紧跟时代步伐，促进校企战略联盟的健康运行

职业院校和企业构建校企战略联盟并不代表可以一劳永逸，职业院校应当持续关注行业和市场的发展变化，时刻保持机敏，充分发挥自身在联盟中的价值与意义。当然，双方都要与时俱进，根据行业要求和发展趋势进行优化升级。校企战略联盟的建立是学校和企业双方所需，是时代发展的必然，是职业教育发展的需要，也是企业建立良好社会形象、反哺社会的需要。合作双方只有紧跟时代步伐，及时根据行业发展和市场需要随时更新、调整内容和，优化人才培育方案，实现科研成果的及时高效转化，才能实现校企战略联盟的健康运行，达到预期的目的。

——拓宽战略联盟的领域，吸纳优秀力量

构建校企战略联盟，对参与的学校和企业数量没有具体要求，数量少意味着风险低，分歧也可能较少。但随着校企战略联盟的不断优化升级，其抵抗风险的能力大为提升，需求也变得多样，因此，需要吸纳更多优秀的力量参与进来，加速战略联盟的发展。新的力量包括企业，也包括职业院校，原先的组织可以根据自己的需要吸纳新的组织力量，也可以让其他力量积极主动参与进来，由原组织在对其进行评估后再考虑吸纳与否。战略联盟的力量拓展到一定规模时，就可以构建起一个平台，推进企业和职业院校融合发展，创造一个产业和职业教育相融合的区域经济体，建立一批产教融合的企业。

总而言之，通过建立校企战略联盟，帮助职业院校和企业协同发展，探索更多有效模式，用优秀的成果辐射农村与西部欠发达地区，提高社会生产力，为早日实现共同富裕目标提供源源不竭的动力。

# 参考文献

[1] 赵雅敏.社会交换视角下职业教育校企合作模式研究[D].西安：西安建筑科技大学，2021.

[2] 张士芳.乡村振兴背景下秦皇岛市农村职业教育研究[D].秦皇岛：河北科技师范学院，2021.

[3] 万海远.共同富裕的改革路径与推进逻辑[J].北京工商大学学报（社会科学版），2022，37（3）.

[4] 宾恩林.职业教育专业课教材的结构化问题研究[D].上海：华东师范大学，2021.

[5] 阳芳，刘慧敏.社会主义共同富裕的历史逻辑、理论逻辑与实践逻辑[J].湖北大学学报（哲学社会科学版），2022，49（3）.

[6] 杜志章.新时代"共同富裕"的新语境和新要求[J].湖北大学学报（哲学社会科学版），2022，49（3）.

[7] 李红军，王琴.共同富裕：解锁中国共产党治国理政的密钥[J].河南师范大学学报（哲学社会科学版），2022，49（3）.

[8] 李名梁，程静.回顾与展望：我国职业教育与产业结构关系研究[J].当代职业教育，2022（2）.

[9] 刘奉越，王丽婉，高婷婷.职业教育产教融合研究的文献计量分析及话语体系构建[J].河北师范大学学报（教育科学版），2022，24（2）.

[10] 王嘉瑶.本科层次职业教育人才培养目标及实现路径研究[D].石家庄：河北科技大学，2021.

[11] 金光旭.中国共同富裕现代化道路研究[D].长春：吉林大学，2021.

[12] 李久军.中等职业教育价值取向研究[D].成都：四川师范大学，2021.

[13] 陈弼文.共同富裕的内涵再思考及其货币政策环境研究——基于马克思主义政治经济学的视角[D].杭州：浙江大学，2021.

[14] 马庆钰，马福云，李志明.当代中国社会建设[M].北京：中国人民大学出版社，2021.

[15] 张玲玲.改革开放以来我国职业教育政策文本研究[D].南宁：广西大学，2021.

[16] 李佳琪.职业教育政策执行机制研究[D].秦皇岛：河北科技师范学院，2021.

[17] 刘鹏岳.中德中等职业教育人才培养模式比较研究[D].沈阳：沈阳师范大学，2021.

[18] 曾雯珍.企业参与职业教育办学动力机制研究[D].广州：广东技术师范大学，2021.

[19] 吴锐.我国职业教育课程开发价值取向研究[D].延安：延安大学，2021.

[20] 乔兆红.生产力理论与党的先进性建设[M].上海：上海社会科学院出版社，2020.

[21] 李思宇.新时代我国实现共同富裕的内在逻辑及实践路径探析[D].金华：浙江师范大学，2020.

[22] 李娜.马克思共同富裕思想及其当代价值研究[D].湘潭：湘潭大学，2020.

[23] 王静.新时代我国实现共同富裕研究[D].沈阳：沈阳工业大学，2020.

[24] 马西恒.当代中国社会发展的逻辑[M].上海：上海人民出版社，2020.

[25] 汪青松.邓小平理论与马克思主义中国化[M].上海：上海社会

科学院出版社，2018.

[26] 丁惠炯. 内蒙古技能型人才培养与使用政策实施研究[D]. 长春：吉林大学，2013.

[27] 武智. 新中国职业教育政策变迁研究（1949—2019）[D]. 扬州：扬州大学，2021..

[28] 赵振华. 论共同富裕[J]. 求是，2013（4）.

[29] 马微波，钟仁耀. 以平衡且充分的区域协调发展视角探讨共同富裕[J]. 晨刊，2022（1）.

[30] 李倩，胡玉婷，欧丽. 共同富裕背景下城乡收入差距与职业教育发展[J]. 农村经济与科技，2021，32（21）.

[31] 范栖银，石伟平. 促进农民农村共同富裕背景下职业教育的现实挑战与应对策略[J]. 教育与职业，2023（2）.

[32] 魏小英，李珊，雍军. 职业教育助力共同富裕的动力支撑、现实困境与突破路径[J]. 教育与职业，2022（17）.

[33] 李文. 党的十八大以来关于推进共同富裕的伟大实践[J]. 毛泽东研究，2022（4）.

[34] 叶子培. 校企战略联盟研究——基于职业教育发展困境的视角[D]. 武汉：湖北工业大学，2021.